중동 전략

신중동시대 기업 진출 전략

박성진 지음

리브레토

저자 서문

현재 사우디아라비아는 전면적인 구조 전환의 한가운데 있다. 과거에는 석유 산업을 중심으로 경제가 성장했지만 최근에는 비석유 부문 중심으로 산업 구조를 재편하고 있다. 정부는 이러한 전환을 촉진하기 위해 '비전 2030'을 수립하고 국가의 청사진을 새롭게 그려내 경제 다각화와 신성장 산업 육성을 전략적으로 추진하며 장기적 국가 경쟁력을 확보하고 있다.

이 과정에서 사우디는 정책 방향과 산업 구조, 사회문화적 환경을 동시에 변화시키고 있다. 민영화 정책, 대규모 인프라 개발, 교육·헬스케어 투자 확대 등은 경제의 신성장 동력을 만들어내고 있으며 외국계 기업에게 다양한 사업 기회를 제공하고 있다. 동시에 제도적 복잡성, 종교적 규범, 부족 중심 사회문화와 같은 현실적 제약도 함께 작용하므로 기업은 기회와 제약을 함께 고려하고 이에 맞춘 전략적 대응을 준비해야 한다.

사우디 시장의 매력은 무엇보다 규모와 성장성에 있다. 네옴과 같은 초대형 프로젝트, 산업 다각화 정책, 청년층의 소비 확대는 외국계 기업에게 전략적 진출 기회를 제공한다. 특히 스마트시티, 재생에너지, AI·로봇 산업, 교육·헬스케어 분야는 향후 10년간 고성장이 예상되는 핵심 산업으로 평가받고 있다. 그러나 이러한 기회는 단순한 자본 투자만으로는 현실이 되지 않는다. 제도적 복잡성, 종교적 규범, 부족 중심 사회문화, 정치적 리스크 등 다양한 구조적 장벽을 충분히 이해하고 대응 전략을 마련해야만 성공적인 진출이 가능하다.

사우디 비즈니스 환경은 독특한 권력 구조와 사회적 코드에 의해 규정된다. 왕실과 정부, 국영기업이 경제 전반을 통제하며 의사결정 과정은 공식적인 제도보다 관계 중심적 신뢰 네트워크의 영향을 크게 받는다. 또한, 이슬람 율법(샤리아)은 계약, 금융, 노동, 분쟁 해결 등 기업 활동 전반에 법적·윤리적 기준으로 작동하며 여기에 사우디화 정책, 현지 고용 의무, 규제 환경의 변동성까지 더해져 기업 경영에는 지속적인 리스크가 존재한다.

사우디는 단순한 석유 수출국을 넘어 산업 구조를 재편하고 신성장 산업을 육성하며 국가 경쟁력을 새로 구축하려는 전략적 행위자로서 영향력을 확대하고 있다. 이러한 변화는 단기적 현상이 아니라 향후 수십 년 동안 중동 지역의 경제 질서와 산업 지형을 근본적으로 재편할 장기적 구조 변화로 이어질 전망이다. '비전 2030'은 에너지 의존 경제를 다각화하고 신산업을 육성하며 민간 부문을 활성화하는 전략적 로드맵이다. 이를 바탕으로 추진되는 대규모 인프라 프로젝트, 스마트시티 개발, 재생에너지 산업 참여, 교육·헬스케어 투자는 단순한 투자 기회를 넘어 기업이 현지 전략을 재설계하고 장기적 파트너십을 구축해야 하는 환경을 제공한다. 요컨대 기업이 '비전 2030'을 정확히 이해하고 이에 맞춰 전략을 수립하지 않으면 시장 진입과 사업 운영 과정에서 예상치 못한 제약과 위험에 직면할 수 있다.

한편, 급변하는 시장에서는 정보의 비대칭성을 최소화하고 현지 제도와 문화의 복합적 특성을 정확히 이해하는 것이 성공적인 시장 진출의 필수 조건이다. 이를 위해 기업은 단순히 시장 진입 방법을 배우는 수준에 머물러서는 안 되며 정치경제 구조, 사회문화적 코드, 법적·제도적 제약 등 다층적 환경을 종합적으로 분석해야만 현실적인 기회와 리스크를 정확히 판단할 수 있다.

    이 책은 사우디 시장을 분석적으로 이해하려는 모든 경영자와 실무자를 위해 설계되었다. 각 장에서는 제도적 맥락과 현장 중심 사례를 결합해 기업이 실제로 직면할 문제와 기회를 구체적으로 제시하고 전략적 의사결정과 실행에 필요한 실질적 지침을 제공하고 있다. 독자는 이 책을 통해 시장 환경을 체계적으로 분석하고 불확실성을 관리하며 현실적인 기회와 리스크를 구분해 구체적이고 실행 가능한 진출 전략을 수립할 수 있게 된다. 궁극적으로 이 책은 단순한 정보 전달을 넘어 사우디 시장에서 전략적 판단과 의사결정을 내리는 데 직접 활용할 수 있는 실무적 지침서 역할을 하도록 구성되어 있다.

저자 서문

저자 서문 ... 02

PART 1 사우디아라비아 2030

사우디 왕국의 탄생과 석유 시대의 번영 ... 16
- 부족 통합에서 왕국 건설까지 ... 20
- 석유 발견과 초기 개발 ... 22
- 석유 무기화와 국제 정치 ... 25
- 변화하는 사우디의 정치경제 구조 ... 27

사우디아라비아의 성장 동력과 구조적 변화 ... 32
- 석유 의존 경제의 구조적 한계 ... 34
- 경제 다각화의 진전과 도전 ... 37
- 외국계 기업을 위한 기회와 제약 ... 40

비전 2030의 기회 ... 49
- 비전 2030의 3대 핵심 축 ... 50
- 탈석유 경제 다각화 전략의 구체적 목표와 추진 분야 ... 52
- 한국 기업들의 분야별 비즈니스 기회와 잠재력 분석 ... 55

네옴 프로젝트와 미래 도시의 비전 ... 60
- 네옴의 탄생 배경과 핵심 프로젝트 ... 61

AI, 로봇, 스마트 교통, 청정에너지 기반의 기술 혁신 도시 구상	67
네옴이 제시하는 사우디의 국가 정체성과 산업 구조의 변화	68
한국 기업들의 네옴 프로젝트 참여 전략	69

PART 2 권력 구조와 정치 역학 이해

사우디아라비아의 정치체제와 기업 경영	76
2017년 리츠칼튼 사건	78
왕실 내부의 권력 구조와 기업의 대처	80
아람코 모델	84
정치적 리스크 관리체계 구축	90

사우디아라비아의 군사력과 지정학적 위협	97
전략적 요충지로서의 사우디아라비아	98
군사력 투자의 역설	102
이란과의 그림자 전쟁	104
기업의 생존 전략	110

새로운 안보 개념:	
사이버, 드론, 무인 시스템이 주도하는 전장	115
디지털 시대의 새로운 안보 위협과 사우디의 대응	116
사이버 안보체계의 진화	118

드론 방어와 무인 전력 확대	119
내부 통제와 기업의 딜레마	121
기업의 대응 전략	122

PART 3 종교 규범과 법체계

이슬람 발상지, 사우디아라비아 역사의 시작	128
예언자 무함마드와 이슬람의 탄생	131
오스만 제국의 지배와 와하비 운동의 태동	134

이슬람의 중심지: 메카, 메디나, 그리고 이슬람 리더십	140
사우디의 종교적 기반: 와하비즘과 샤리아법	141
순례 경제와 비즈니스 기회	145
기업 운영의 실무적인 고려사항	148

샤리아 기반 법체계와 일상생활	153
샤리아의 근원과 사우디의 법적 정체성	154
일상을 지배하는 종교적 의무	156
변화하는 사우디의 현실	162
기업이 알아야 할 실무 지침	166

| 종교적 자유의 제한과 기업의 사회적 책임 | 170 |

국가 종교체제의 딜레마	171
ESG 압박과 평판 리스크의 현실화	172
기업의 전략적 균형 잡기	173
새로운 차원의 리스크 관리	175

PART 4 사회문화적 코드와 변화

가족과 부족 중심 문화: 관계의 중요성	182
사우디의 가족과 부족 중심 가치체계	185
와스타 시스템과 비즈니스 관계의 구축	187
전통과 현대화의 조화: 변화하는 사회상	192
샤라프: 명예	193
슈자: 용기	196
디야파: 환대	198
여성의 역할 변화가 이끄는 경제적·문화적 전환	206

PART 5 인프라 및 인적 자원

인구 구조 및 노동시장의 변화	214

카팔라 제도: 외국인 노동자를 속박하는 현대판 신분제	215
젊은 인구의 잠재력과 일자리 미스매치	216
카팔라 제도의 개혁: 조금씩 풀리는 족쇄	220
기업의 전략적 대응 방안	222

교육 시스템 이해와 인적 자원 개발 — 225
국가 주도 교육 시스템의 구조와 특징	226
여성 교육의 혁명적 확대	228
해외 유학과 새로운 중산층의 등장	229
지역 격차와 교육의 미래	230

사회복지 제도와 노동시장 지원 — 235
의료 복지의 빛과 그림자	236
주택 정책이 만들어낸 의외의 함정	237
실업 지원이 만든 역설적 상황	239
비전 2030이 그리는 새로운 미래	241

PART 6 거시적 경제 환경의 흐름과 미래 전략

경제를 설계하는 힘, 정부의 전략과 개입 — 246
| 석유 수입 중심의 정부 재정과 그 영향 | 247 |
| 고정 지출 구조와 정책적 우선순위 | 248 |

수입·지출 비율이 경영에 미치는 함의	249
기업의 대응 전략	250

경제혁신을 이끄는 민영화의 도전과 기회 — 253
민영화가 기업 경영에 주는 시사점 — 254
정부의 역할 변화와 민간 기업의 경쟁 환경 — 256

번영의 척도, 1인당 국민소득의 의미 — 260
소비시장의 이중 구조와 기업 전략 — 262
소득 변동성과 지속가능 성장 전략 — 264

성장을 향한 질주, 경제 성장 — 268
성장 동력과 구조적 한계 — 270
개혁의 현실과 불확실성 관리 — 271
지속가능한 성장을 위한 전략적 접근 — 273

물가 상승의 도전과 대응 — 277
물가 상승 현황과 기업 경영에 미치는 영향 — 278
기업의 대응 전략과 기회 포착 — 281
금융 환경 변화와 자금 조달 전략 — 283
장기 전략과 기회 요인 모색 — 284

사우디 재정의 균형추, 외채 현황과 관리 전략 — 287

외채 현황과 경제적 함의	288
기업 경영에 미치는 리스크와 기회	290
전략적 대응 방안	292

PART 7 성공적인 진출을 위한 전략

사우디 시장의 특수성과 조인트벤처의 필요성	298
현지화 요구와 실질적인 진입 전략	299
정치경제적 통제 시스템과 외국계 기업의 한계	301
강화된 사우디화 정책과 현지인 고용 의무	303
복잡한 규제 환경과 법적 불확실성	304
문화적 특수성과 비즈니스 관행	306
지정학적 리스크와 경제적 불확실성	309
실질적인 시장 진입 장벽	310
조인트벤처의 전략적 이점과 실무 전략	313
대형 프로젝트 수주 기회의 확대	314
상호보완적 시너지 창출	315
정부 네트워크와 승인 프로세스	317
리스크 분산과 위기 관리	318
건설 분야 조인트벤처의 구체적 전략	320
실무상 주의사항	322

조인트벤처 협상 시 핵심 체크리스트　　　　　　326
　파트너 실사의 진정한 의미　　　　　　　　　327
　지분 구조와 의사결정권의 전략적 설계　　　327
　교착상태 조항의 구체화　　　　　　　　　　329
　전략적 탈퇴 설계　　　　　　　　　　　　　330
　지식재산권 보호의 현실적 접근　　　　　　331
　자금흐름의 체계적 관리　　　　　　　　　　332
　보험·보증의 완벽한 설계　　　　　　　　　333
　분쟁 해결의 국제화　　　　　　　　　　　　334
　규제 환경의 동적 관리　　　　　　　　　　336

부록　현지 법인 설립 실무 가이드　　　　　　339
주석　　　　　　　　　　　　　　　　　　　　355

PART 1

사우디아라비아 2030

사우디 왕국의 탄생과
석유 시대의 번영

사막의 유목 부족이 세계 최대 석유 수출국으로 변모하는 데 걸린 시간은 불과 6년이었다. 1932년 9월 23일 압둘 아지즈 이븐 알 사우드 Abdul Aziz Ibn Al Saud가 통일왕국을 선포했을 당시 사우디아라비아는 대추야자와 낙타가 주요 자산인 빈곤한 사막 국가에 불과했다.

그러나 1938년 3월 4일 담맘 Dammam 7번 유정에서 검은 황금이 분출되는 순간 세계 경제의 중심축이 중동으로 이동하기 시작했다.

이 극적인 전환은 단순한 행운의 산물이 아니었다. 석유 발견 이전부터 압둘 아지즈는 영국의 영향권에서 벗어나 미국 석유 회사들과 탐사권 계약을 체결하며 새로운 동맹 관계를 구축해왔다. 이것이 결정적 전환점이 되었다. 사우디아라비아의 석유 탐사권을 둘러싼 미국과 영국의 경쟁은 단순한 자원 확보 차원을 넘어 중동 지역의 지정학적 판도를 재편한 역사적 사건이었다.

20세기 초 갓 건국된 사우디아라비아는 심각한 재정난에 시달리고 있었다. 광활한 국토 아래 매장된 석유는 국가의 운명을 바꿀 절호의 기회였지만 개발 기술과 자본이 전무했던 사우디는 외국 자본에 의존할 수밖에 없었다.

당시 중동에서 막강한 영향력을 행사하던 영국은 이라크, 이란, 쿠웨이트 등지에서 석유 개발을 주도하며 석유 패권을 장악하고 있었다. 영국은 사우디아라비아에서도 유리한 입지를 확보하려고 했지만 사우디 정부는 영국 대신 미국 기업과 손을 잡는 전략적 선택을 했다. 1933년 사우디 정부가 미국의 스탠더드 오일 오브 캘리포니아 Standard Oil of California, SOCAL 와 체결한 석유 탐사 독점 계약은 영국의 완강한 반대를 무릅쓴 과감한 결정이었다. 사우디는 자국을 식민지처럼 대하는 영국의 태도에 깊은 경계감을 품고 있었다. 반면, 중동에 식민지를 보유하지 않은 미국이 자신들의 주권을 상대적으로 더 존중해줄 것으로 기대했다. 미국 기업은 더 유리한 경제적 조건을 제시했을 뿐만 아니라 기술적 우위도 확보하고 있었다.

미국이 사우디 석유 개발을 주도하면서 영국은 중동에서의 석유 패권을 서서히 상실했다. 사우디 내부에서도 영국보다 미국을 신뢰하는 분위기가 확산되었고 미국은 단순한 경제적 파트너 관계를 넘어 외교·군사적 협력 관계로까지 영역을 확대해 나갔다. 제2차 세계대전 이후 미국은 에너지 안보를 국가 전략의 핵심으로 설정하고 중동과의 관계 강화에 주력했다.

1945년은 이러한 외교적 전환이 명확히 드러난 해였다. 그해 2월 미국의 프랭클린 루스벨트 Franklin Roosevelt 대통령과 사우디의 압둘 아지즈 국왕은 이집트 수에즈 ^Suez^ 운하 인근에서 역사적인 회담을 가졌다. 퀸시 협정 ^Quincy\ Agreement^으로 알려진 이 만남에서 양국은 석유 공급과 미국의 안보 보장을 핵심으로 하는 확고한 동맹 관계를 구축했다.

이 협정은 향후 수십 년간 지속될 미국-사우디 전략적 동맹의 초석이 되었다. 영국은 중동 지역에서 영향력을 급속히 상실했고 이로써 세계 석유 시장과 국제 정치의 균형이 재편되는 계기가 된 것이다. 사우디는 미국과의 협력을 통해 경제적 자립 기반을 마련했고 미국은 중동에서 가장 중요한 에너지 공급 파트너를 확보해 세계 패권 경쟁에서 우위를 점했다. 사우디 석유 탐사권을 둘러싼 협상은 단순한 계약을 넘어 이후 세계사에서 중동과 석유가 어떻게 결부되는지를 상징적으로 보여주는 사건이었다.

이러한 전략적 준비 덕분에 석유가 발견되자마자 사우디는 국가 현대화 프로젝트를 즉각 추진할 수 있었다. 베두인 ^Bedouin^ 유목민의 나라는 압둘 아지즈의 선견지명과 치밀한 계획을 바탕으로 국제 에너지 시장의 핵심 세력으로 부상했다.

오늘날 사우디아라비아와 거래하는 기업들은 이러한 역사적 맥락을 반드시 이해해야 한다. 왕정체제 유지의 정당성은 석유 수익 분배와 직결되어 있으며 모든 주요 의사결정은 왕실이 내린다. 외국계 기업과의 파트너십 구조, 사우디화 Saudization 정책, 최근의 비전 2030 개혁안은 모두 1930년대에 시작된 '석유를 통한 국가 건설'이라는 기본 틀 위에서 작동한다.

▍부족 통합에서 왕국 건설까지

압둘 아지즈 국왕은 30년에 걸쳐 아라비아반도를 통일했다. 1902년 수도 리야드 Riyadh 탈환은 단순한 군사작전이 아니라 정교한 정치 프로젝트의 시작이었다. 그는 무력과 외교, 결혼 동맹, 종교적 권위를 전략적으로 결합해 근대 사우디아라비아의 기초를 세웠다.

통일의 핵심은 18세기에 형성된 사우드-와하브 동맹의 부활이었다. 압둘 아지즈는 정치 권력과 종교의 권위를 통합해 부족 사회에서 정당성을 확보했다. '두 성지의 수호자'라는 칭호는 메카Mecca와 메디나Medina를 관할하는 이슬람 지도자로서의 위상을 공고히 했다. 신성한 권위와 결합된 왕권은 국민의 자발적인 복종을 이끌어냈다.

그는 무력만 사용한 것이 아니라 각 지역의 권력 구조와 내부 세력 관계를 파악해 체계적으로 영토를 확장했다. 1913년 동부 알-하사를 오스만제국Ottoman Empire으로부터 탈환해 페르시아만Persian Gulf 연안을 확보했고 1921년 북부 하일을 점령해 경쟁자였던 라시드 가문을 제거했다. 1924~1925년에는 서부 히자즈를 병합해 이슬람 성지를 장악했다. 각 지역의 부족 구조와 정치적 역학관계를 면밀히 분석한 결과, 이러한 정복이 가능했다.

압둘 아지즈의 결혼 정책은 개인적 선택을 넘어선 통치 전략이었다. 그는 정복한 지역의 유력 부족과 수십 건의 결혼 동맹을 맺고 아들들을 주요 가문과 혼인시켰다. 이러한 혈연관계는 정치적 연합을 넘어 가문 간 충성으로 이어졌고 국민들이 왕을 단순한 통치자가 아닌 확대된 가족의 수장으로 인식하게 하는 문화적 토대가 되었다.

그의 통치체제는 중앙집권과 지방자치를 절묘하게 조화시킨 것이었다. 전통적인 부족의 권위를 인정하면서도 중앙정부에 종속시키는 이중 구조를 확립했다. 행정, 입법, 사법권이 국왕에게 집중된 절대군주제는 이러한 역사적 과정을 통해 형성되었다.

종교, 부족, 가족이라는 세 축이 교차하는 지점에서 사우디 특유의 정치 문화가 탄생했다. 이러한 통일 과정은 오늘날 사우디아라비아의 정치 구조와 작동 방식을 이해하는 열쇠가 된다. 왕실과 종교 지도층의 공생 관계가 부족 중심 사회 구조와 결합해 독특한 절대군주제를 만들어냈으며 이 모든 것은 압둘 아지즈가 구축한 토대 위에서 작동한다.

▍석유 발견과 초기 개발

사우디의 석유 시대는 1933년 5월 29일 스탠더드 오일 오브 캘리포니아 Standard Oil Company of California 와 체결한 탐사 계약으로 시작되었다. 당시 중동을 지배하던 영국 대신 미국 기업을 선택한 압둘 아지즈의 결정은 단순한 경제적 선택이 아니라 전통적인 외세의 영향권에서 벗어나 독자적인 외교 노선을 추구하겠다는 의지를 보여주는 것이었다.

5년간의 실패 끝에 1938년 3월 3일 담감 7호정 Dammam No. 7 1,440미터 지점에서 마침내 상업적 규모의 석유가 분출했다. 이전 6개 시추공이 모두 실패했음에도 미국 지질학자 맥스 스타이네크 Max Steineke 가 더 깊은 시추를 고집한 결과였다. 첫날 1,585배럴로 시작한 생산량은 6일 만에 3,810배럴로 급증했다. 1999년 이 역사적인 유정은 압둘라 Abdullah 왕세자에 의해 '번영의 우물' Prosperity Well 로 공식 명명되었다.

석유 개발은 사막의 대변혁을 의미했다. 캘리포니아 아라비안 스탠더드 오일 컴퍼니 California Arabian Standard Oil Company, CASOC 는 생산 시설뿐만 아니라 완전한 도시 인프라를 건설해야 했다. 도로, 항만, 주거단지, 병원, 학교가 불모지에 들어섰다. 다란^{Dhahran} 캠프에 조성된 미국식 생활 시설은 서구 문명이 사우디 사회로 유입되는 첫 관문이었다. 이 과정에서 구축된 인프라는 석유 산업의 기반이자 국가 현대화의 골격이 되었다.

1944년 아라비안 아메리칸 오일 컴퍼니^{Arabian American Oil Company,} ^{ARAMCO}로의 개명은 새로운 도약을 알렸다. 1950년대 석유 생산량이 급증하면서 사우디는 유목 경제에서 석유 경제로 전환되었다. 이 시기 압둘 아지즈의 협상 전략은 주목할 만하다. 1950년 국유화하겠다고 위협해 아람코로부터 수익의 50% 분배를 이끌어낸 것이다. 베네수엘라의 선례를 따른 이 협상은 산유국의 지위를 근본적으로 변화시켰다. 미국 정부가 자국 기업의 손실을 세금 감면으로 보전하며 사우디와의 관계를 유지한 것은 양국 관계의 전략적 중요성을 보여준다.

석유가 가져온 가장 근본적인 변화는 국가와 사회 관계의 재편이었다. 세금 없이도 국가 운영이 가능해지면서 지대국가^{Rentier} ^{State}의 특성이 형성되었다. 정부는 무상 교육, 의료, 주택 보조금 등 광범위한 복지를 제공했고 국민은 이러한 혜택의 대가로 정치적 권리를 양보했다. 석유 자원이 만들어낸 이 암묵적 사회계약은 왕실에 대한 충성을 정치적 참여보다 우선시하는 독특한 정치 문화를 낳았다. 불안정한 민주주의보다 안정적인 절대군주제를 선호하는 국민 정서의 뿌리가 바로 여기에 있다.

아람코는 석유 생산을 넘어 인재 양성의 중심지가 되었다. 수만 명의 사우디 청년들이 이곳에서 현대적 기술과 경영을 습득했다. 1984년 알리 빈 이브라힘 알-나이미 Ali bin Ibrahim Al-Naimi가 첫 사우디인 사장이 되었고 1988년에는 사우디 아람코 초대 CEO가 되었다. 현재 사우디 정부와 주요 기업의 고위직 상당수가 아람코 출신이라는 사실은 이 회사가 국가 엘리트 양성소 역할을 했음을 보여준다.

▎석유 무기화와 국제 정치

1973년 욤 키푸르 Yom Kippur 전쟁 당시 사우디가 주도한 아랍 산유국들의 석유 금수 조치는 국제 정치 판도를 바꾸었다. 유가가 배럴당 3달러에서 12달러로 4배 급등하면서 서구 경제는 심각한 침체에 빠졌다.

이 사건으로 사우디아라비아의 위상은 근본적으로 변화했다. 단순한 석유 공급지에서 국제 사회의 주요 행위자로 부상한 것이다. 석유는 경제적 상품에서 외교와 국제 정치를 좌우하는 전략적 무기로 변모했고 사우디는 그 힘을 장악한 국가가 되었다. 세계는 석유가 무기가 될 수 있음을 처음 깨달았고 사우디는 그 가능성을 현실로 만든 국가로 자리매김했다.

사우디는 이에 안주하지 않고 석유 산업의 완전한 통제권 확보에 나섰다. 1973년 아람코 지분 25% 인수를 시작으로 1974년에는 60%로 확대했다. 1980년 완전 국유화를 달성한 후 1988년에는 왕령으로 사우디 아람코를 공식 출범시켰다. 세계 최대 석유 기업의 탄생은 국가 경제의 핵심을 직접 통제하려는 전략적 판단에서 비롯되었다.

그러나 석유 권력의 정점에서 맞은 1980년대 중반의 유가 폭락은 뼈아픈 교훈을 남겼다. 배럴당 30달러를 넘던 유가가 10달러 이하로 추락하면서 정부 재정 수입이 급감했고 대규모 개발 프로젝트들이 줄줄이 중단되었으며 재정 적자가 누적되었다. 석유 의존 경제의 취약성이 여실히 드러나면서 경제 다각화의 필요성이 대두되었다.

21세기 들어 석유 시장의 변동성은 더 심화되었다. 2014년 미국의 셰일 오일 Shale Oil 혁명은 유가를 배럴당 100달러에서 30달러로 폭락시켰다. 2020년 코로나 COVID-19 팬데믹 시기에는 서부 텍사스유 West Texas Intermediate, WTI 선물가격이 사상 처음 마이너스를 기록했다. 이러한 극단적 변동은 석유 시대의 종말 가능성을 현실로 만들었다. 사우디 지도부는 석유 시대 이후를 대비하는 경제 체질 개선이 더 이상 미룰 수 없는 과제임을 절감했다.

▎변화하는 사우디의 정치경제 구조

사우디 왕국의 형성과 석유 시대의 전개는 국가의 경제적 방향과 권력 구조를 형성하며 오늘날 사우디 비즈니스 환경의 토대가 되었다. 압둘 아지즈가 구축한 부족 연합과 개인적 신뢰 관계의 전통은 현재까지도 비즈니스 관행의 핵심 원리로 작동한다. 석유 수입이 만들어낸 중앙집권적 의사결정 구조와 지대국가의 특성은 외국 기업들이 사우디 시장에 진출할 때 반드시 이해해야 할 맥락이다.

이러한 전통적 구조는 디지털 시대를 맞아 근본적인 도전에 직면했다. 인터넷과 SNS의 확산으로 사우디 청년들은 글로벌 정치 문화에 실시간으로 노출되었다. 미국, 유럽, 한국, 일본의 민주주의 제도를 직접 목격한 이들은 자국의 정치체제에 새로운 질문을 던지기 시작했다. 투표권 부재와 절대 왕권에 대한 의문은 더 이상 금기가 아니다. 투명성, 책임성, 시민 참여를 요구하는 목소리가 커지면서 정부는 슈라위원회 Shura Council 운영과 지방선거 도입 등 제한적 개혁으로 대응하고 있다.

왕실은 청년들의 변화 요구에 수동적으로 대응하는 대신 적극적으로 개혁을 주도하는 전략을 택했다. 무함마드 빈 살만 Mohammed bin Salman 왕세자는 전통적인 신비주의 대신 개혁적 리더십을 전면에 내세웠다.

오늘날 사우디 왕실은 과거의 상징적 존재에서 벗어나 문화산업 육성, 외국인 관광객 유치, 여성의 사회진출 확대 등 전방위적 개혁을 이끌고 있다. 여성 운전의 허용, 영화관 재개장, 대형 음악 페스티벌과 국제 스포츠 이벤트 개최가 이러한 변화를 입증한다. 왕실은 신중하고 보수적이던 통치 방식에서 벗어나 변화의 선봉에 서는 능동적 주체로 변모했다. 과거 국민 위에 군림하던 신비로운 존재에서 국민과 함께 미래를 설계하는 리더로 전환을 시도하고 있다.

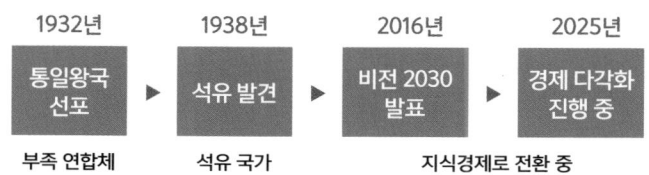

석유가 가져다준 표면적 번영 이면의 취약성으로 지난 90년간 사우디를 지탱해온 석유 경제 모델의 지속가능성에 근본적인 의문이 제기되었다. 과거의 성공 방정식이 미래를 보장하지 않는다는 지도부의 인식이 근본적 전환을 촉발했다. 석유 의존에서 탈피한 신성장 동력 확보는 이제 선택이 아닌 생존의 문제가 되었다.

핵심 코칭 포인트

사우디는 1932년 부족 통합으로 건국되어 1938년 석유 발견으로 급속한 경제 성장을 이루었다. 이 과정에서 형성된 개인적 신뢰 중심의 비즈니스 문화, 중앙집권적 의사결정 구조, 지대국가의 특성이 오늘날까지 이어지고 있다. 절대군주제는 종교적 정당성과 석유 수익 기반의 복지 제공으로 유지되어 왔지만 젊은 세대의 의식 변화와 경제 다각화의 필요성으로 점진적 변화를 겪고 있다. 기업들은 이러한 역사적 맥락과 현재 진행 중인 변화를 이해하고 장기적 관점에서 현지 파트너십을 구축하며 정부의 역할과 석유 경제의 구조적 특성을 고려한 사업 전략을 수립해야 한다.

사우디아라비아의
성장 동력과 구조적 변화

세계 최대 산유국이 '석유 없는 미래'를 준비한다는 것은 역설적이다. 그러나 2020년대의 석유 시장은 코로나 팬데믹 충격, 지정학적 위기, 에너지 전환이라는 세 개의 거대한 파도를 경험하고 있다. 브렌트유는 2022년 3월 인플레이션 조정 기준으로 2014년 이후 최고점을 기록한 뒤[1] 지속적으로 하락해 현재 배럴당 67달러 수준에서 거래되고 있다. EIA는 더 나아가 2026년 브렌트유 평균 가격을 배럴당 51달러로 전망한다[2].

이러한 가격 하락 전망은 특히 사우디아라비아의 재정적 부담을 가중시킨다. IMF는 2024년 4월 사우디아라비아의 재정균형유가를 배럴당 96.20달러로 예측했는데 이는 전년 대비 약 19% 증가한 수치다[3]. 더욱이 국부펀드인 공공투자펀드(PIF)의 국내 지출까지 포함하면 배럴당 112달러가 필요하다는 블룸버그의 분석도 있다[4]. 이는 비전 2030 프로젝트 추진에 따른 막대한 재정 수요를 반영하는 것이다.

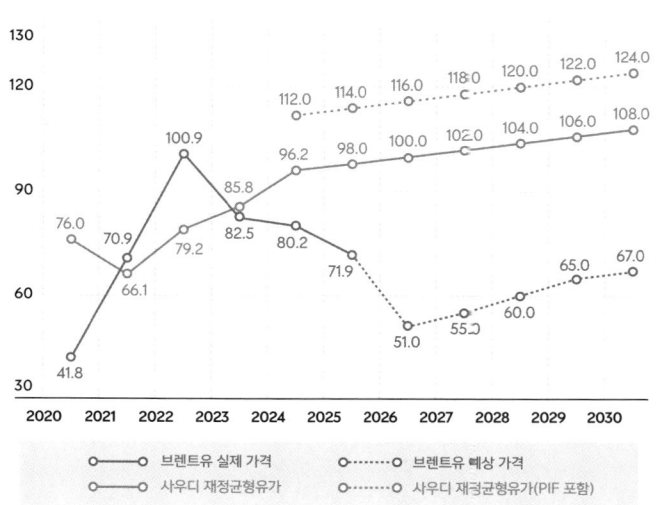

2020~2030년 브렌트유 가격 추이 및 전망

석유 가격 하락의 충격은 2024년 경제지표에서 명확히 드러났다. 비석유 부문이 4.2% 성장했음에도 석유 부문의 4.4% 감소로 전체 경제성장률은 1.3%에 그쳤다. 재정수지 균형을 위해 배럴당 96달러가 필요한 상황에서 30달러나 부족한 현재 유가는 사우디 정부의 재정 구조를 근본적으로 위협하고 있다.

한때 막대한 부를 안겨주었던 석유는 더 이상 절대적 축복이 아니다. 오랫동안 국가 경제의 중심축으로 안정을 보장하던 석유 자원은 이제 미래를 제약하는 족쇄로 변했다. 국제 유가의 극심한 변동성과 글로벌 탈탄소 흐름은 석유 의존 경제의 위험성을 적나라하게 드러내며 사우디 경제의 구조적 한계를 일깨웠다. 경제 다각화는 더 이상 여유롭게 추진할 선택사항이 아닌 생존을 위한 필수 과제가 되었다.

▌석유 의존 경제의 구조적 한계

사우디 경제의 석유 의존도는 단순한 통계를 넘어 국가 경제 전반의 방향성과 체질을 좌우한다. 정부 수입의 70%, 수출의 90%, GDP의 40%를 차지하는 압도적인 석유 비중은 경제 운영 방식 그 자체를 규정한다.

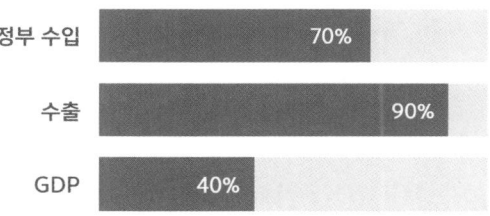

이러한 석유 의존 구조는 재정 정책의 극단적 변동성을 초래한다. 사우디 정부의 재정 운용은 전적으로 유가에 좌우된다. 배럴당 80달러를 넘으면 대규모 프로젝트가 쏟아지고 60~80달러 구간에서는 현상 유지에 머물고 60달러 아래로 떨어지면 긴축 정책이 시행된다. 정책 변화를 예측할 수 없는 상황에서 기업들의 장기 투자 계획 수립은 사실상 불가능하다.

달러 페그제Dollar Peg는 이러한 변동성을 증폭시킨다. 리얄화Riyal가 달러당 3.75리얄로 고정되어 있어 사우디는 독자적인 통화 정책을 운용할 수 없다. 미국이 금리를 인상하면 사우디도 자국 경기와 상관없이 따라야 하고 유가 하락과 금리 인상이 겹치면 경제는 이중고에 직면한다.

사우디 경제가 직면한 더 근본적인 문제는 석유 산업의 낮은 고용 창출 능력이다. 세계 최대 석유기업 아람코는 GDP의 약 20%를 차지하는 막대한 수익을 창출하지만 고용 인원은 7만 명에 불과하다. 자본집약적인 석유 산업의 특성상 생산성과 수익률은 높지만 고용유발효과는 미미하다.

문제의 심각성은 매년 40만 명 이상의 청년이 노동시장에 진입한다는 데 있다. 이들을 흡수할 민간 일자리가 턱없이 부족해 정부가 공공부문 고용으로 떠안는 구조가 고착화되었다. 현재 전체 노동자의 약 70%가 공공부문에 종사하는 현실은 이러한 임시방편이 장기간 누적된 결과다. 이는 경제의 지속가능성과 효율성을 저해하고 고용의 질과 다양성을 심각하게 제약한다.

2024년 실업률이 7%로 역사적 최저치를 기록했다는 발표가 있었지만[5] 이는 공공부문의 인위적 일자리 창출에 기인한 것이다. 민간부문의 자생적 고용 창출력은 여전히 취약하다. 석유 의존 경제가 만들어낸 구조적 한계는 이제 한 세대 전체의 미래가 달린 사회적 과제로 부상했다.

▍경제 다각화의 진전과 도전

2016년 '비전 2030' 발표 이후 사우디 경제는 근본적인 변화를 겪고 있다. 비석유 부문이 연평균 4.5% 성장하며 새로운 경제 생태계가 형성되고 있다. 2024년 기준 사우디가 추진하는 각종 사업의 85%가 순조롭게 진행되었고 비석유 부문 수익은 1,373억 달러로 두 배 이상 증가했다. 이 변화의 중심에 제조업이 있다.

사우디는 단순한 공장 유치를 넘어 산업 생태계 전체를 이전하는 전략을 추진한다. 2023년 한 해에만 1,379건의 산업 인허가가 발급되었고 215억 달러가 투자되었으며 산업 시설은 전년 대비 60% 증가했다. 산업 분야도 화학에서 자동차와 기계장

비로 확대되었으며 2035년까지 3만 6천 개 공장 건설을 목표로 한다.

'Made in Saudi' 프로그램은 완전한 현지 생산체제 구축을 목표로 한다. 미국 전기차 제조업체 루시드 모터스Lucid Motors가 첫 글로벌 파트너로 참여했다. '석유의 나라'가 전기차를 생산한다는 것은 사우디의 변화를 상징적으로 보여준다. 2025년부터 정부 프로젝트에서 현지 제품 60% 이상 사용이 의무화되면서 외국계 기업들은 현지 생산이라는 새로운 도전에 직면했다.

서비스업도 급성장 중이다. 2019년 처음으로 관광 비자 발급을 시작한 것은 폐쇄적이던 사우디가 문을 여는 역사적 전환점이었다. 연평균 35%씩 증가하는 외국인 관광객은 35년 만에 재개장한 영화관에서 영화를 관람하고 급성장하는 전자상거래 플랫폼에서 쇼핑한다. 전자상거래 시장은 2025년 200억 달러 규모로 성장할 전망이다.

가장 혁명적인 변화는 에너지 부문에서 일어나고 있다. 세계 최대 산유국이 재생에너지에 대규모 투자를 단행한 것이다. 네옴(NEOM)의 그린 수소 프로젝트가 대표적이다. 84억 달러를 투입한 이 프로젝트는 2025년 6월 기준 80% 완성되었고 2026년 말부터 하루 600톤의 그린 수소를 생산할 예정이다. 재생에너지로 물을 전기분해해 생산하는 그린 수소는 탄소 배출이 없는 미래 에너지원이며 4기가와트(GW) 규모의 태양광과 풍력발전이 이를 뒷받침한다.[6]

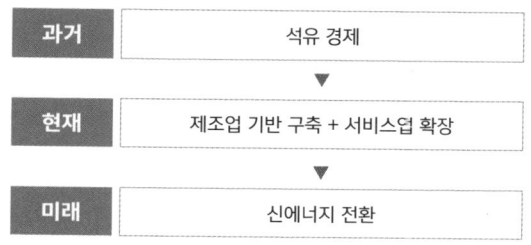

그러나 계획과 실제 시장 상황 사이에는 여전히 과제가 산적해 있다. 네옴 그린 수소 프로젝트는 해외 구매자 확보에 어려움을 겪고 있다. 제조업 현지화는 비용 증가를 수반하고 서비스업 성장은 문화적 마찰을 야기하며 재생에너지 전환은 기존 석유 산업과의 조율이 필요하다.

▍외국계 기업을 위한 기회와 제약

2024년 1월부터 시행된 지역본부^{Regional Headquarters, RHQ} 프로그램은 외국계 기업에게 분명한 메시지를 전한다. RHQ는 다국적 기업이 중동·북아프리카 지역사업을 총괄하는 본부로 사우디 정부는 RHQ를 자국에 설립하지 않은 기업을 정부 사업에서 배제하겠다고 발표했다. 이에 따라 2025년 7월 기준으로 구글^{Google}, 마이크로소프트^{Microsoft}를 비롯해 540개 이상의 기업이 두바이^{Dubai}에서 리야드로 옮겨 2030년 목표치인 500개를 5년이나 앞당겨 달성했다.[7]

외국계 기업의 사우디 진출은 다음과 같은 3단계 과정을 거친다.

1단계: 진입 결정

진입 결정의 핵심은 RHQ 설립이다. 사우디 정부는 RHQ를 자국에 두지 않으면 정부 사업에서 배제하겠다고 선언했다. 30년간 법인세와 원천징수세 완전 면제라는 파격적 혜택은 분명히

매력적이지만 조건이 까다롭다. 6개월 안에 최소 15명을 고용해 실제 운영을 시작해야 하고 그중 3명은 지역 전략을 결정할 수 있는 임원급이어야 한다. 형식적인 페이퍼 컴퍼니Paper Company는 통하지 않는다. 더 결정적인 것은 RHQ 없이는 정부 입찰에서 구조적으로 불리하다는 것이다. 최저 입찰가보다 25% 낮게 제시해야 하는데 이는 사실상 포기하라는 신호다.

2단계: 현지화 요구

진입을 결정했다면 다음 관문은 사우디화다. 이는 사우디 국민 의무고용제도로 한국의 장애인 의무고용과 유사하지만 훨씬 강력하다. 2025년 7월 27일부터 본격 시행되는 새 규정은 부문별로 세분화되어 있다. 엔지니어링 회사는 직원의 30%, 회계법인은 40%를 사우디인으로 채워야 한다. 특히 회계 부문은 매년 10%씩 상향되어 2028년에는 70%에 달한다. 병원 약국은 처음부터 65%라는 높은 비율을 요구한다.[8]

여기에 추가 조건이 있다. 월급이 4,000리얄(약 140만 원) 미만인 사우디 직원은 절반만 인정된다. 형식적 고용을 막기 위한 장치이지만 외국계 기업에게는 인건비 부담으로 작용한다. 사우디 청년들의 기술 수준과 업무 태도에 대한 우려도 존재한다. 일부 기업은 제재를 피하기 위해 실제 업무와 무관하게 사우디인을 명목상으로만 채용하는 편법을 써왔다. 이로 인해 제도는 통계상 고용률 증가에 기여했지만 실제 생산성과 업무 기여도 측면에서는 효과가 제한적이었다.

많은 민간 기업은 사우디인 노동자의 직무 적합성과 조직 적응력 부족을 지적한다. 공공부문보다 근무 강도가 높은 민간부문에서 사우디 국민이 장기 근속하지 않거나 낮은 직무 몰입도를 보이는 사례가 빈번히 보고된다. 석유 수입에 의존하는 복지 국가에서 성장한 이들에게 치열한 경쟁은 낯설다. 그러나 이는 현지 인재를 육성하고 장기적 관계를 구축할 기회이기도 하다.

3단계: 시장 기회

두 관문을 통과했다면 이제 시장 기회를 포착할 차례다. 2024년 예산 분석을 통해 사우디 정부의 우선순위가 명확히 드러났다. 정부 전체 지출에서 군사·안보가 25%로 가장 크고 교육(19%)과 보건(16%)이 뒤를 잇는다. 이들은 경기 변동에도 안정적으로 예산이 배정되는 '안정 부문'이다. 방산기술, 교육 소프트웨어, 의료 장비처럼 국가 기간 부문과 연결된 사업이 상대적으로 안정적인 이유다.

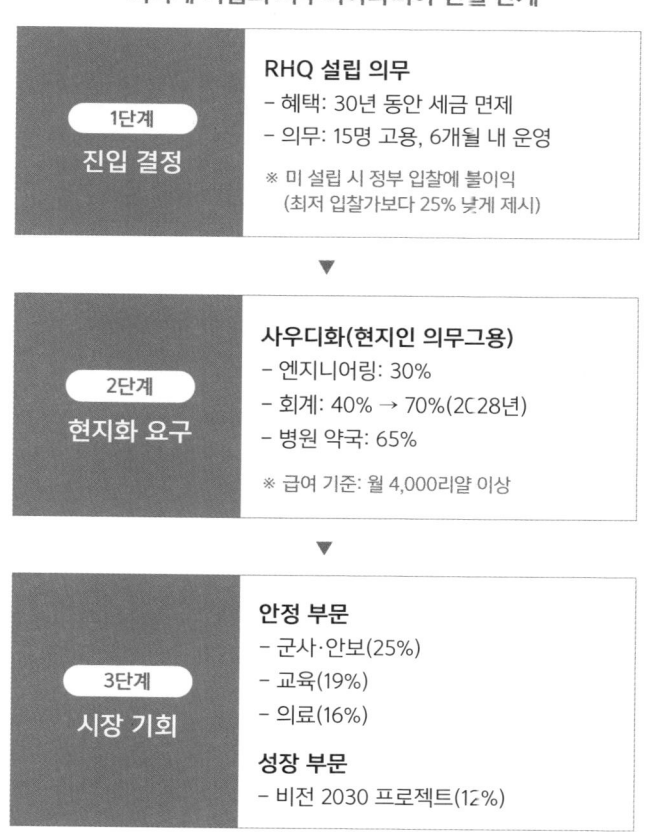

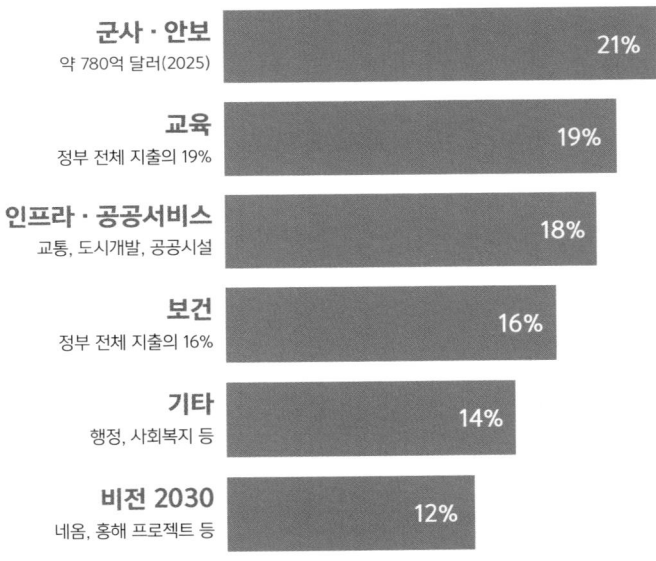

반면, 화려하게 홍보되는 비전 2030 프로젝트는 전체 예산의 12%에 불과하다. 네옴, 리야드 엑스포 2030 같은 미래 프로젝트가 여기에 속한다. 다만, 비중은 작지만 성장 잠재력은 크다고 보아야 할 것이다. 특히 제조업, 재생에너지, 관광, 엔터테인먼트는 정부가 집중 육성하는 '성장 부문'으로 리스크는 크지만 선점 효과를 노릴 수 있다.

사우디가 비전 2030에서 이 네 분야에 집중하는 데는 명확한 전략적 배경이 있다. 이는 단순한 산업 선택이 아니라 석유 중심 경제에서 벗어나기 위한 현실적 해법이자 국가 전환의 필수 조건이다.

이 분야들은 기존 석유 산업과 연계되면서도 새로운 부가가치 창출이 가능하다. 제조업은 석유화학이나 금속 가공처럼 기존 자원을 활용하면서 기술 산업으로의 전환을 유도한다. 재생에너지는 사우디의 풍부한 태양광 자원과 광활한 국토를 활용하는 현실적 대안이다.

고용창출효과가 높다는 점도 주목받는 이유다. 매년 수십만 명의 청년이 노동시장에 진입하지만 자본집약적인 석유 산업은 일자리 창출에 한계가 있다. 제조업, 관광, 엔터테인먼트는 노동집약적 특성이 강하고 젊은 세대의 관심과 참여도가 높아 청년 일자리 문제 해결이라는 정부의 목표에 부합한다.

글로벌 시장에서의 성장 가능성과 투자 유치도 중요한 고려사항이었다. 재생에너지는 세계적인 ESG 흐름과 탈탄소 전환에 부합한다. 관광과 엔터테인먼트는 사우디의 문화적 자산을 활용해 외화를 벌 수 있는 유망 분야다. 제조업은 글로벌 공급망 재편 속에서 사우디가 지리적 이점을 살려 새로운 생산 거점이 될 가능성을 안고 있다.

가장 중요한 것은 이들이 사회 구조 개혁과 직결된다는 점이다. 문화 산업과 관광 산업 활성화는 국민의 삶의 질을 높이고 여성과 청년의 사회적 역할을 확대하는 계기가 된다. 정부는 이 과정에서 점진적 사회 개방을 유도하며 정치적 안정과 미래 세대의 요구 사이에서 균형을 모색하고 있다.

결국 이 네 분야는 단순한 경제 다변화 선택지가 아니라 사우디가 직면한 경제적 현실, 사회적 요구, 국제적 변화에 동시 대응하는 핵심 산업이다. 이는 비전 2030이 단기적 전환이 아닌 구조적 변화를 목표로 한다는 것을 보여준다.

한편, 2025년 들어 OPEC+가 석유 감산을 완화하면서 국제유가가 60~65달러대로 하락해 사우디 정부가 긴축 정책으로 선회할 가능성이 커졌다. 안정 부문은 큰 영향을 받지 않겠지만 신규 성장 사업들은 보류되거나 축소될 수 있다. 외국계 기업들은 안정성을 추구할지 성장 기회를 노릴지 각자의 위험 감수 능력에 따라 결정해야 한다.

사우디 경제의 다각화는 복잡한 방정식을 푸는 것과 같다. 석유 경제가 만든 구조적 한계를 극복하면서 기존 산업의 붕괴를 막고 신산업을 육성하면서 사회적 갈등을 최소화하고 외국 자본과 기술을 유치하면서도 국가 주권을 지켜야 하기 때문이다.

핵심 코칭 포인트

사우디 시장에서 성공하려면 유가 변동에 따른 정부의 재정 사이클을 이해해야 한다. 비석유 부문의 성장 기회를 포착하고 RHQ 프로그램과 사우디화 정책을 전략적으로 활용해야 한다. 2025년 유가가 60달러대인 상황에서는 긴축을 예상하고 현금 확보에 집중해야 한다. 방산·교육·의료 등 정부 우선순위 부문과 제조업·재생에너지 등 비전 2030 핵심 부문에서 기회를 찾아야 한다. 아람코, SABIC 등 준정부 기업과의 관계를 구축해 정부 의존도를 점진적으로 줄이면서 사우디를 중동·아프리카 진출의 허브로 활용하는 중장기 전략이 필요하다.

비전 2030의 기회

경제 위기에 직면한 사우디의 해법은 국가체제 자체를 바꾸는 것이었다. 2016년 4월 25일 무함마드 빈 살만 왕세자가 발표한 비전 2030은 단순한 경제 계획을 넘어 사우디 사회의 근본적 변화를 예고했다.

발표 직후 사우디 내부는 양분되었다. 종교 지도부와 기득권층은 1,400년간 이어져온 이슬람 전통의 급격한 붕괴를 우려했다. 여성 운전의 허용, 영화관 개방 같은 사회 변화는 그들에게 서구 문화의 침투로 받아들여졌다. 반면, 인구의 67%를 차지하는 35세 이하 젊은 세대의 반응은 달랐다. 높은 실업률과 제한된 기회에 갇혀 있던 그들에게 비전 2030은 새로운 가능성을 보여주었다. 특히 대학을 졸업하고도 일자리를 찾지 못하던 청년들은 관광, 엔터테인먼트, 기술 산업 육성 계획에서 자신들의 미래를 발견했다.

▌ 비전 2030의 3대 핵심 축

비전 2030은 경제개발 계획서가 아니라 사우디 스스로 정의한 미래의 국가 정체성 선언문이다. 비전 2030의 세 축은 서로 맞물려 돌아가는 톱니바퀴다. 역동적 사회 Vibrant Society가 변화의 토대를 만들고 번영하는 경제 Thriving Economy가 그 위에 새로운 기회를 창출하며 야심 찬 국가 Ambitious Nation가 이를 글로벌 무대로 확장한다.[9]

　역동적 사회는 보수적인 이슬람 사회를 점진적으로 개방하겠다는 의지의 표현이다. 정부는 여성의 사회진출 확대, 엔터테인먼트 산업 육성, 문화·예술 활동 장려를 핵심 과제로 설정했다. 2018년 영화관이 재개장했고 2019년에는 여성 운전이 허용되었다. 음악 콘서트와 스포츠 경기 개최는 이미 가시적인 변화다. 한국 기업들도 엔터테인먼트, 관광, 소비재 분야에서 새로운 기회를 적극 모색하고 있다.

　번영하는 경제는 석유 의존도를 낮추고 민간부문을 활성화해 지속가능한 경제 구조를 만들겠다는 구상이다. 비석유 수출의 비석유 GDP 내 비중을 16%에서 50%로, 민간부문의 GDP 기여도를 40%에서 65%로, 외국인 직접투자를 GDP의 5.7%까지 끌어올린다는 목표다.[10] 이는 제조업, 물류, 금융, ICT 등 다양한 분야에서 외국 기업의 참여를 환영한다는 분명한 신호다.

야심 찬 국가는 정부 효율성을 높이고 투명성을 강화해 글로벌 경쟁력을 갖춘 국가로 도약하겠다는 비전이다. 정부는 전자정부 구축, 부패 척결, 규제 간소화를 주요 과제로 추진 중이다. 최근 정부 인허가 절차가 대폭 간소화되고 온라인으로 대부분의 행정 처리가 가능해졌다. 그러나 인맥이나 개인적 연결고리가 사업 기회와 행정 절차에 큰 영향을 미치는 '와스타' 관행은 여전히 남아 있다.

▌ 탈석유 경제 다각화 전략의 구체적 목표와 추진 분야

사우디 정부는 경제 다각화 전략을 다섯 가지 핵심 분야에 집중하고 있다.[11] 각 분야는 막대한 투자와 함께 외국 기업의 기술과 노하우를 적극 유치하고 있다.

사우디아라비아 경제 다각화의 5대 핵심 분야

비석유 산업	스마트시티	관광 산업
핵심 분야 **첨단 제조업**	대표 프로젝트 **네옴**	2030년 목표 **1억 5천만 명**

문화·엔터테인먼트	재생에너지
투자 규모 **640억 달러**	2030년 목표 **50%**

첫째, 관광 산업은 경제 다각화의 핵심 동력이다. 사우디 정부는 2030년까지 연간 관광객 1억 명 유치를 초기 목표로 정했는데 2023년에 이미 1억 600만 명을 달성해 목표를 1억 5천만 명으로 상향 조정했다. 관광 수입 목표는 3,000억 리얄(약 100조 원)이다.[12] 과거에는 종교 순례 관광이 대부분이었지만 최근 정부는 홍해 연안의 더 레드씨 The Red Sea 프로젝트, 알울라 Al Ula 고대 유적지 개발, 키디야 Qiddiya 엔터테인먼트 시티 건설, 외국인 관광 비자 개방을 통해 일반 관광 시장을 확대하고 있다.

관광은 외화 획득 수단을 넘어 사우디 사회의 개방성을 높이는 상징적 의미를 지닌다. 한국의 호텔, 리조트, 테마파크 운영 기업들도 이러한 프로젝트에서 협력할 기회를 찾을 수 있다.

둘째, 문화·엔터테인먼트 인프라 구축이다. 정부는 영화관, 콘서트홀, 스포츠 경기장 등 문화 인프라 구축에 640억 달러를 투자할 계획이다. 한류 콘텐츠의 인기가 높아 K-팝, K-드라마 관련 사업 기회가 확대되고 있다. BTS, 블랙핑크 등의 공연이 개최되었고 한국 엔터테인먼트 기업들의 현지 진출이 활발하다. 2023년 리야드의 불러바드 시티 Boulevard City에서 열린 블랙핑크 공연은 사우디 최초의 여성 그룹 공연으로 기록되었다.

셋째, 비석유 산업 육성이다. 정부는 제조업, 광업, 물류, 디지털 경제에 주력하며 전기차, 반도체, 의료기기 등 첨단 제조업 유치에 적극적이다. 루시드 모터스는 연간 15만 대 규모의 전기차 공장 건설을 확정했다.[13] 이에 한국 기업들은 배터리와 부품 분야에서 협력할 기회를 찾고 있다.

넷째, 스마트시티 개발이다. 정부는 네옴을 필두로 리야드, 제다^{Jeddah} 등 주요 도시의 스마트화를 추진 중이다. 사물인터넷^{Internet of Things, IoT}, 빅데이터, AI, 자율주행 등 첨단 기술이 집약된 도시 인프라 구축에 수천억 달러가 투입될 예정이다. 한국의 스마트시티 솔루션 기업들에게는 기술을 수출할 기회로 볼 수 있다.

다섯째, 재생에너지 전환이다. 사우디 정부는 2030년까지 재생에너지 발전 비중을 50%까지 늘린다는 목표를 세웠다. 태양광, 풍력 발전소 건설과 함께 그린 수소 생산에도 막대한 투자가 이루어지고 있다. 네옴에는 4GW 규모의 재생에너지를 활용한 세계 최대 규모의 그린 수소 생산 시설이 건설될 예정이다. 한국 기업들의 기술과 경험이 필요한 분야다.

▮ 한국 기업들의 분야별 비즈니스 기회와 잠재력 분석

필자가 현지에서 파악한 바에 의하면 한국 기업들은 다음과 같은 분야에서 특히 경쟁력이 있다.

건설·엔지니어링 분야에서 한국 기업들은 이미 강력한 입지를 구축했다. 네옴, 홍해 프로젝트, 키디야 등 메가 프로젝트들은 향후 10년간 1조 달러 이상의 건설 수요를 창출할 것이다. 삼성물산, 현대건설, GS건설은 이미 수십억 달러 규모의 수주를 확보했다. 다만, 현지 콘텐츠 의무 비율이 높아지고 사우디화 정책이 강화되면서 결제 지연 위험과 수익성 압박이 가중되고 있다.

제조업은 한국의 강점과 사우디의 수요가 완벽히 부합하는 분야다. 현대자동차는 사우디에 전기차 조립공장을 건설 중이다. 포스코의 철강 프로젝트와 한화의 태양광 패널 생산 시설은 제조업 현지화의 대표적인 성공 사례다. 사우디 정부는 기술 이전과 현지 고용을 조건으로 토지 무상 제공, 10년간 법인세 면제, 에너지 보조금 등 대규모 인센티브를 지원한다.

ICT·디지털 분야에서 한국의 기술력은 사우디의 디지털 전환 수요와 시너지를 창출할 수 있다. 삼성전자, LG전자, SK텔레콤은 스마트시티 구축, 전자정부 시스템, 5G 인프라, 데이터센터 건설에 적극 진출하고 있다. 네옴의 인지 도시 Cognitive City 프로젝트는 IoT, AI, 빅데이터 기술을 보유한 한국 기업들에게 실험장이자 쇼케이스Showcase가 될 수 있다.

에너지 전환 분야는 장기적으로 잠재력이 가장 크다. 한국의 재생에너지 기술은 사우디의 그린 수소 야망과 맞닿아 있으며 특히 수소 경제 역량이 주목받고 있다. 현대차, 포스코, 한화가 참여하는 그린 수소 프로젝트들은 연간 수백만 톤 규모의 생산을 목표로 한다. 사우디의 풍부한 태양광 자원과 한국의 기술이 결합하면 글로벌 수소 경제를 선도할 수 있다.

문화 콘텐츠 분야는 블루오션Blue Ocean이다. CJ ENM과 하이브는 K-팝, K-드라마의 인기를 바탕으로 사우디 시장에 진출하고 있다. 사우디 청년층의 70%가 한류 콘텐츠를 소비한다는 조사 결과는 문화 산업의 성장 가능성을 보여준다. 엔터테인먼트 인프라 구축, 콘텐츠 제작 스튜디오 건립, 현지 인재 양성 등 다양한 협력 모델이 가능하다.

다만, 이 모든 기회는 사우디만의 독특한 리스크를 수반한다.

사우디 시장은 정부 정책의 급격한 변화, 왕실 내부의 권력 다툼, 지정학적 긴장, 문화적 충돌 등 다양한 변수에 노출되어 있다. 2017년 반부패 캠페인으로 수백 명의 왕족과 기업인이 구금되어 외국 기업들에게 충격을 주었다. 2019년 아람코 IPO 과정에서는 정부가 국내외 기업들에게 강제로 투자하라는 압력을 넣었고 최근에는 네옴 프로젝트 참여 기업들이 본사를 이전하라는 요구까지 받았다. 이러한 일련의 사건들은 사우디 시장이 여전히 예측 불가능한 요소를 안고 있음을 보여준다.

비전 2030은 청사진을 넘어 실행 단계에 접어들었다. 이 거대한 비전을 현실로 만들려면 세계가 주목할 만한, 사우디의 변화를 한눈에 보여줄 상징적 프로젝트가 필요했다. 사우디 정부는 비전 2030의 모든 요소를 집약한 도시 건설을 결정했다. 과거와의 완전한 단절을 상징하면서 사우디의 미래를 구현하는 도시, 그것이 바로 네옴 NEOM이다.

> **핵심 코칭 포인트**

한국 기업들의 사우디 진출 전략은 기회 포착과 리스크 관리 사이에서 정교한 균형점을 찾아야 한다. 무엇보다 신뢰할 수 있는 현지 파트너십 구축이 성공의 출발점이다. 이를 바탕으로 단계적 투자 확대를 통해 리스크를 분산하고 정치적 중립성을 유지하면서 문화적 민감성을 존중하는 접근이 필요하다. 궁극적으로 한국 기업들은 사우디를 단순한 프로젝트 시장이 아니라 장기적으로 함께 성장할 전략적 파트너로 인식해야 한다. 이러한 관점 전환이 있어야만 사우디가 제공하는 기회를 온전히 활용할 수 있다.

네옴 프로젝트와
미래 도시의 비전

비전 2030이 추상적 구호에 그쳤다면 사우디는 이미 실패했을 것이다. 그러나 2017년 10월에 발표된 네옴 프로젝트는 세계를 놀라게 했다. 한국 GDP의 1/3에 달하는 5,000억 달러를 홍해 연안 26,500㎢에 투입한다는 계획 때문이다.

네옴은 단순한 신도시가 아니다. 100% 재생에너지로 운영되고 자율주행차만 운행하며 로봇이 인간보다 많은 도시를 만든다는 구상은 공상과학 소설에 가까웠다. 특히 170km 길이의 직선 도시

'더 라인'은 사막에 건설하는 미래 도시의 새로운 모델을 제시했다. 이 프로젝트가 주목받는 이유는 규모가 아니라 사우디의 절박함을 보여주기 때문이다. 석유 시대가 끝나기 전에 새로운 경제 성장의 엔진을 만들어야 한다는 위기감이 이러한 극단적 실험을 가능케 했다.

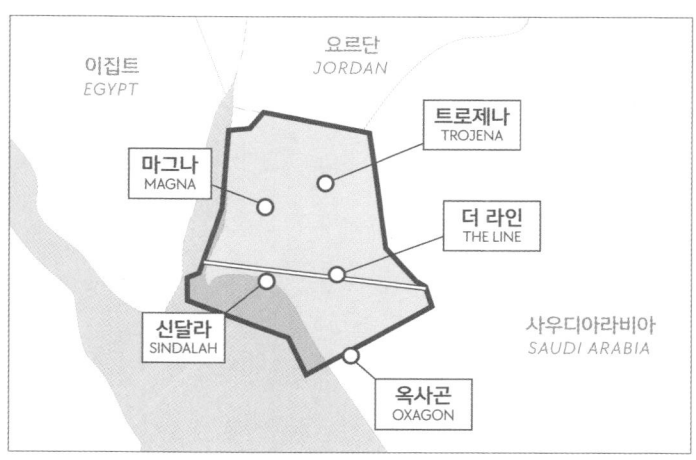

▌네옴의 탄생 배경과 핵심 프로젝트

2017년 10월 무함마드 빈 살만 왕세자는 리야드에서 열린 미

더 라인(The Line)

래 투자 이니셔티브에서 '로봇이 인간보다 많은 도시 네옴 건설'을 발표했다. 네옴은 사우디의 야망을 압축한다. NEO는 그리스어로 '새로운', M은 아랍어로 '미래'를 뜻하는 'Mustaqbal'의 첫 글자다. 홍해와 아카바만이 만나는 사우디 북서부를 개발하는 이 프로젝트는 단순한 신도시 건설이 아니라 문명의 재발명을 목표로 한다.

더 라인 The Line 은 네옴의 상징이자 가장 논란이 되는 프로젝트다. 길이 170km, 높이 500m, 폭 200m 규도의 이 선형 도시는 900만 명을 수용한다는 계획이다. 자동차와 도로가 없고 탄소 배출이 제로인 이 도시는 인류 역사상 전례 없는 형태다. 외벽이 거울로 둘러싸인 구조물은 사막을 가로지르고 내부는 수직 정원과 공중 통로로 연결된다.

더 라인 내부는 어디서든 20분 안에 목적지에 도달하도록 설계되었다. 지하에는 고속 교통망이 구축되고 지상에는 자율주행 소형 차량이 운행되며 건물 간 수직 이동수단이 입체적 교통체계를 구성한다. 도시 간 이동에는 하이퍼루프와 전기 수직이착륙기 eVTOL 가 활용된다. 하이퍼루프는 진공 튜브 안에서 캡

슐형 차량이 초고속으로 이동하는 교통수단이다. eVTOL은 수직 이착륙이 가능한 전기 항공기로 공항 없이 도심을 신속히 연결한다.

2024년 블룸버그는 더 라인의 1단계가 2.4km로 축소되었다고 보도했지만 사우디 정부는 이를 부인하며 프로젝트가 계획대로 진행 중이라고 밝혔다.

옥사곤 Oxagon은 세계 최대 부유식 산업 단지다. 홍해에 건설되는 이 팔각형 구조물은 차세대 제조업과 연구개발 중심지로 계획되었다. 재생에너지만으로 운영되며 자동화된 항만 시설은 연간 수백만 TEU의 화물을 처리할 예정이다.

트로제나 Trojena는 사막의 스키 리조트다. 해발 2,600m 산악 지대에 건설되는 이 프로젝트는 2029년 동계 아시안게임 개최를 목표로 하고 있다. 인공눈과 첨단 기후제어 시스템으로 연중 스키가 가능하도록 설계될 예정이다.

신달라 Sindalah는 홍해의 럭셔리 섬 리조트다. 2024년 10월 27

일 개장한 이 프로젝트는 네옴의 첫 번째 완성작이 되었다. 초호화 요트 정박지, 골프 코스, 고급 리조트는 글로벌 부유층을 겨냥하고 있다.

마그나 Magna는 네옴의 럭셔리 관광 해안 지구다. 홍해 연안 120km에 걸쳐 12개의 독립적인 관광지가 개발된다. 각 목적지는 고유한 건축 양식과 테마를 가지며 초고급 리조트부터 문화 체험 공간까지 다양한 시설이 들어선다. 이 프로젝트의 핵심은 지속가능한 럭셔리 관광이다. 태양광과 풍력 발전으로 전력을 공급하고 해수 담t수화 시설로 물을 확보한다. 자연 서식지 보존과 관광 개발의 균형을 추구하며 홍해의 산호초와 해양 생태계 보호를 최우선 과제로 설정했다.

12개 목적지 중 일부는 이미 구체화되었다. 레이아 Leyja는 절벽 속에 지어지는 웰니스 리조트이고 에피콘 Epicon은 미래지향적 타워형 리조트다. 노를라나 Norlana는 승마와 해양 스포츠를 결합한 액티비티 중심 리조트로 계획되었다. 2030년까지 순차적으로 개장하며 연간 1,500만 명의 관광객 유치를 목표로 하고 있다.

▮ AI, 로봇, 스마트 교통, 청정에너지 기반의 기술 혁신 도시 구상

네옴이 꿈꾸는 기술적 비전은 현재의 스마트시티 개념을 훨씬 뛰어넘는다. 네옴은 '인지 도시'라는 새로운 개념을 제시한다. 도시 전체가 하나의 거대한 AI 시스템으로 작동하는 것이다. 수백만 개의 센서가 실시간으로 데이터를 수집하고 AI가 교통 흐름, 에너지 사용, 보안, 의료 서비스를 최적화한다. 개인 맞춤형 AI 비서가 일상생활을 지원하고 예측 의료 서비스가 질병을 사전에 예방한다.

네옴은 태양광, 풍력, 그린 수소만으로 운영되는 세계 최초의 대규모 도시를 목표로 한다. 대규모 태양광 발전소와 해상 풍력 단지가 전력을 공급하고 잉여 전력은 그린 수소 생산에 활용되어 완벽한 에너지 순환체계를 구축한다.

또한, 로봇이 인간보다 많은 최초의 도시가 될 전망이다. 건설용 로봇, 배송용 드론, 자율주행 차량, 서비스용 로봇이 도시 운영의 핵심을 담당하고 인간은 창의적이고 전략적인 업무에 집중하게 된다.

▍ 네옴이 제시하는 사우디의 국가 정체성과 산업 구조의 변화

네옴은 단순한 도시 개발을 넘어 사우디아라비아의 정체성을 재정의하려는 시도다. 보수적인 왕국에서 혁신적 실험장으로의 전환을 추구한다. 네옴에서는 전통적으로 엄격한 사회 규범이 크게 완화된다. 남녀 구분이 없는 해변이 조성되고 술 판매 허용 가능성이 논의되며 국제 기준의 법체계가 적용되는 등 기존 사우디와는 다른 공간이 만들어진다. 이는 글로벌 인재 유치 전략이면서도 보수적인 시민들의 반발을 관리해야 하는 과제도 안고 있다.

네옴은 16개 핵심 산업을 선정했다. 바이오테크, 식품, 제조업, 미디어, 관광 등 전통 산업과 우주항공, 로봇공학, 재생에너지 등 미래 산업이 포함된다. 각 부문은 글로벌 리더십을 목표로 하며 특별 구역 지정, 세금 혜택, 지식재산권 보호 등 파격적인 지원을 제공한다.

네옴의 운영 방식은 독특하다. 사우디 주권 아래 있으면서도 자체적인 법과 규제를 운영한다. 영미법 기반의 독립 법원, 별도의 비자 제도와 세금체계를 갖추어 '국가 안의 국가'처럼 기능한다. 이러한 구조는 외국인 투자자에게 안정성을 제공하는 동시에 새로운 도시 운영 실험을 가능케 한다.

▌ 한국 기업들의 네옴 프로젝트 참여 전략

네옴은 인류 역사상 가장 대담한 도시 실험으로 한국 기업들에게는 역사적 실험에 참여할 기회인 동시에 위험도 크다. 사우디 정부는 네옴을 국가적 프로젝트로 간주하며 2023년부터 외국 기업에게 지역본부 설립을 의무화했다. 만약 거부하면 정부가 발주하는 계약에서 배제된다. 기업들은 성급한 대규모 투자보다 단계적 참여, 컨소시엄 consortium 구성, 현지 파트너십 활용을 통해 리스크를 분산해야 한다.

참여하기로 결정했다면 공공투자기금 Public Investment Fund, PIF과의 원활한 관계 유지가 무엇보다 중요하다. PIF는 프로젝트 진행 중 계약 조건을 일방적으로 변경하거나 지급을 지연시키고 추가 요구를 제시하며 영향력을 행사하는 경우가 있다. 따라서 프로젝트에 착수할 때 계약서를 명확히 작성하는 것이 매우 중요하다. 특히 프로젝트를 단계별로 구분해 각 단계마다 지급 조건을 구체적으로 명시하고 분쟁 발생에 대비해 국제 중재 조항을 포함시켜야 한다. 이를 통해 계약 당사자 모두 권리와 책임을 명확히 이해하고 예상치 못한 분쟁을 예방할 수 있다.

특히 사우디는 단순 시공이나 납품을 넘어 기술 이전과 현지 생산을 요구한다. 기업들은 지적재산권 보호와 핵심기술 유출 방지책을 마련하면서도 네옴을 중동·아프리카 진출의 거점으로 활용하는 장기 전략을 수립해야 한다.

비즈니스 측면 외에도 고려할 사항이 있다. 네옴 지역 원주민인 호웨이타트 Huwaitat 부족과의 갈등, 환경단체의 반대, 국제 인권단체의 비판은 참여 기업의 평판에 영향을 미친다. 기업들은 ESG Environmental, Social and Governance 기준을 충족하면서도 현지 정부와의 관계를 균형 있게 유지해야 한다.

현실적 리스크도 존재한다. 네옴의 웅대한 비전과 달리 현재까지 진행 속도는 더딘 편이다. 자금 조달 난항, 기술적 난제, 국제 정세의 변화 등이 프로젝트 지연을 초래할 수 있다. 따라서 장기적 관점을 유지하면서 단기 현금흐름 확보를 병행하는 투트랙 Two Track 전략이 필요하다.

네옴과 같은 첨단 디지털 도시에서 사이버 보안은 생존과 직결된다. 사우디 국가사이버보안청 National Cybersecurity Authority, NCA 의 기준은 최소한의 요구사항이며 자체적인 사이버 방어 시스템 구축이 필수다. 중요 인프라나 민감한 데이터를 다루는 기업은 보안 투자를 비용이 아닌 생존 투자로 인식해야 한다.

네옴 프로젝트 참여는 기회와 위험이 공존하는 도전이다. 한국 기업들은 정부의 압박에 대한 전략적 대응, PIF 개입 리스크 관리, 기술 현지화 요구에 대한 균형적 접근, 문화적·정치적 민감성 유지, 현실과 비전의 격차 인식, 철저한 사이버 보안체계 구축을 통해 리스크를 최소화하면서 기회를 포착해야 한다.

핵심 코칭 포인트

석유로 건설한 왕국이 석유 시대의 종말을 맞아 근본적 전환을 추진하고 있다. 이는 단순한 정책 변화가 아니라 국가의 생존이 걸린 역사적 전환이다. 비전 2030과 네옴은 이러한 전환의 구체적인 실행 방안이다. 한국 기업들에게 이는 새로운 사우디가 만들어지는 과정에 참여할 역사적 기회다. 과거의 석유 경제 구조를 이해하고 현재의 전환 과정을 파악해 미래의 기회를 포착하는 통합적 시각이 필요하다.

PART 2

권력 구조와 정치 역학 이해

사우디아라비아의
정치체제와 기업 경영

 사우디아라비아에서 정치와 비즈니스는 구조적으로 분리될 수 없다. 2023년 3월 사우디와 이란의 외교 관계 정상화가 이를 명확히 보여준다. 2016년부터 단절된 양국 관계가 중국의 중재로 복원되면서 기업들의 사업 환경이 근본적으로 변했다. 2016년 한국의 한 대기업은 이란 프로젝트 수행을 이유로 수십억 달러 규모의 사우디 정유 플랜트 프로젝트를 포기해야 했다. 그러나 2023년 이후 이러한 제약은 사라졌다. 사우디의 비즈니스 환경은 지정학적 관계의 변화에 즉각적으로 연동된다.

사우디는 입법부와 사법부가 왕권에 종속된 절대군주제 국가다. 왕령 Royal Decree은 별도의 입법 과정 없이 즉시 법적 효력을 갖는다. 이는 기업 활동에 직접적인 영향을 미친다. 2017년 6월 발표된 왕령으로 부가가치세가 0%에서 5%로 인상되었고 2020년 7월에는 코로나19 대응을 명목으로 15%로 재인상되었다.[14] 기업들은 대응할 시간도 없이 새로운 세율을 수용해야만 했다.

2017년 무함마드 빈 살만 MBS 왕세자의 권력 승계 이후 의사결정 구조는 더 중앙집권화되었다. 과거 주요 왕족 간 협의를 통한 '합의 기반 통치 Consensus-based Governance'는 왕세자 개인의 결정이 곧 국가의 정책이 되는 구조로 전환되었다. 경제개발위원회 Council of Economic and Development Affairs, CEDA, 공공투자기금 PIF, 네옴 프로젝트 등 주요 경제 기구의 의장직을 무함마드 빈 살만 왕세자가 직접 맡으면서 경제 정책의 결정이 일원화되었다.[15]

이러한 구조는 정책 실행 속도를 획기적으로 높였다. 2019년 관광 비자 도입 결정에서 실제 발급까지 3개월, 2018년 여성 운전 허용 발표에서 시행까지 6개월이 소요되었다. 반면, 정책의 예측 가능성은 크게 저하되었다. 2020년 3월 정부는 민간 부문 사우디인 급여의 60%를 지원하는 SANED 프로그램을 도입했다가 3개월 만에 중단했고 2021년 재개했다가 2022년 다시 종료했다. 기업들은 이러한 급격한 정책 변화에 지속적으로 대응해야 한다.

2017년 리츠칼튼 사건

2017년 11월 4일 시작된 반부패 캠페인은 사우디 비즈니스 환경의 분수령이 되었다. 반부패위원회 The National Anti-Corruption Commission, Nazaha는 381명을 소환·조사해 왕족 11명, 현직 장관 4명, 수십 명의 전직 장관과 기업인들을 리츠칼튼 호텔에 구금했다. 3개월에 걸친 협상 끝에 정부는 1,066억 달러 회수를 발표했다. 현금, 부동산, 기업 지분, 유가증권 등 다양한 형태로 자산 이전이 이루어졌다.[16]

이 사건은 무함마드 빈 살만 왕세자가 정치적 경쟁자를 제거하고 재계의 엘리트들을 장악하는 권력 집중 과정이었다. 외국 기업들과 긴밀했던 인물들이 하루아침에 사라졌고 비즈니스 파트너를 잃은 기업들은 큰 혼란에 빠졌다. 왕세자의 의중을 거스를 수 없다는 것이 명백해졌다.

반부패 캠페인 이후 정부의 기업 감시가 강화되었다. 국가반부패위원회 Nazaha의 권한이 확대되고 내부고발자보호법이 제정되었다. 2018년부터 2024년까지 국가반부패위원회는 연평균 3,000건 이상의 부패 사건을 적발했다.[17]

이 사건이 기업 환경에 미친 구조적 영향은 다음과 같다. 과거에는 왕족이나 정치적 연줄이 사업의 보호막 역할을 했지만 리츠칼튼 사건은 그 어떤 정치적 배경도 절대적 보호를 보장하지 못한다는 것을 입증했다. 기업들은 특정 인물이나 계파에 대한 의존도를 낮추고 리스크를 분산하기 시작했다.

주요 비즈니스 리더들의 구금으로 기존 사업 관계가 단절되었고 외국 기업들은 수십 년간 구축한 현지 파트너를 잃었다. 빈

라딘 그룹과 계약한 건설사들은 프로젝트 중단과 대금 미수 사태에 직면했다.

▮ 왕실 내부의 권력 구조와 기업의 대처

사우디 왕실의 복잡한 권력 구조를 이해해야만 사업을 성공적으로 수행할 수 있다. 약 15,000명에 달하는 왕족은 출신과 이해관계에 따라 여러 계파로 나뉘며 이들의 복잡한 관계가 정책 결정과 사업 환경을 좌우한다.

현재 가장 강력한 집단은 살만 국왕과 무함마드 빈 살만 왕세자가 속한 수다이리 Sudairi 계파다. 압둘 아지즈 초대 국왕의 부인 하사 빈트 아흐마드 알 수다이리의 7명의 아들은 국방부, 내무부, 왕실청 등 국가 권력의 핵심을 장악하고 있다. 무함마드 빈 살만 왕세자가 국방장관직을 유지하면서 왕세자가 된 것은 이 계파의 권력 독점을 보여준다.

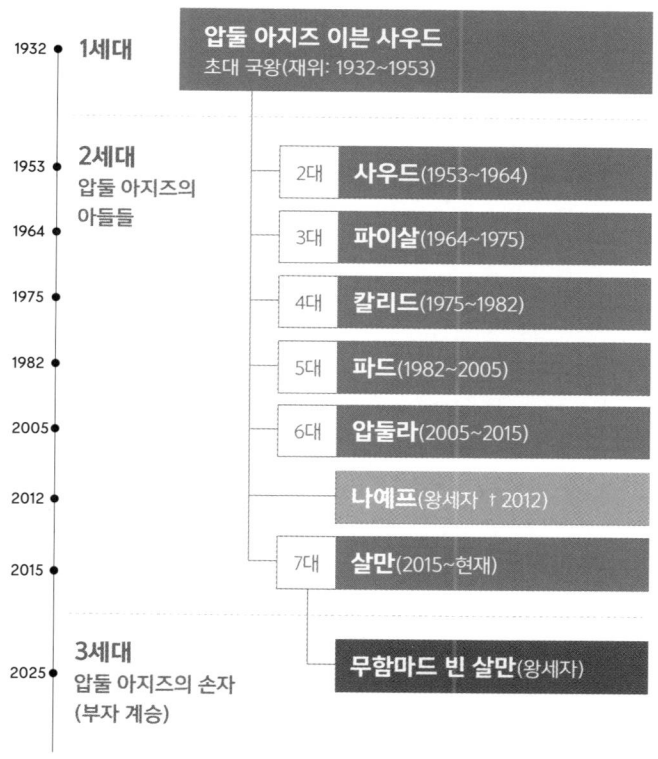

사우디아라비아 왕위 계승도

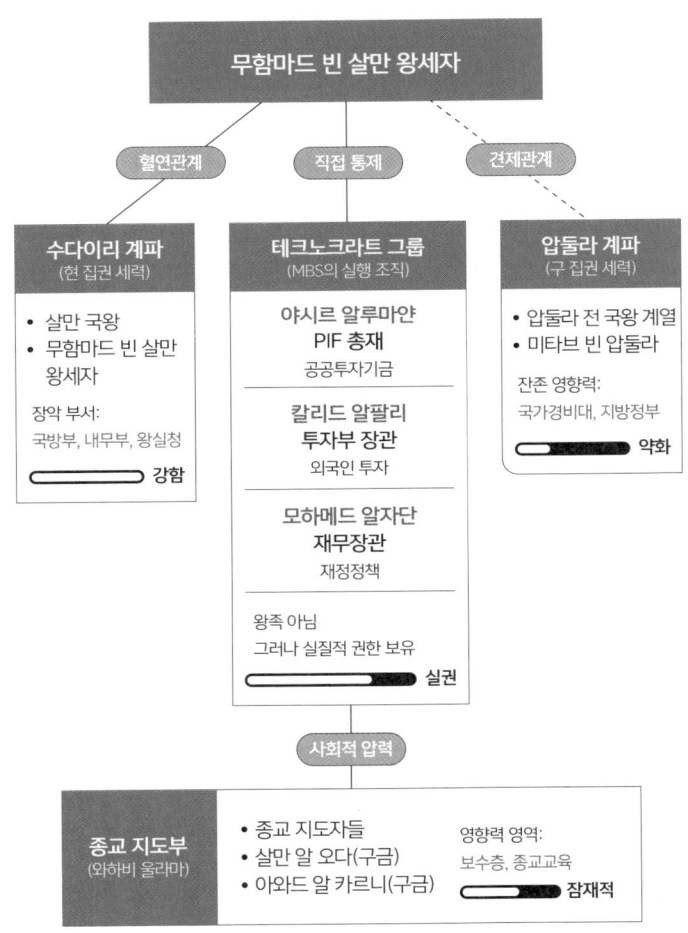

그러나 이러한 권력 집중은 다른 계파의 견제와 잠재적 반발을 초래한다. 2015년 사망한 압둘라 전 국왕의 아들들과 지지자들로 구성된 압둘라^Abdullah 계파가 대표적이다. 리츠칼튼 사건으로 이들의 공식적인 영향력은 크게 감소했지만 완전히 소멸하지는 않았다. 미타브 빈 압둘라 ^Mutaib bin Abdullah Al Saud 전 국가경비대장^Garde Nationale이 10억 달러 이상을 내고 석방된 후에도 일정한 사회적 영향력을 유지하듯이 이들은 국가경비대와 일부 지방 정부에서 여전히 존재감을 유지하고 있다. 기업 입장에서는 이들과의 관계가 당장은 도움이 되지 않더라도 장기적으로 보면 보험이 될 수 있다.

종교 지도부의 역할도 무시할 수 없다. 와하비즘^Wahhabism을 기반으로 한 이들은 무함마드 빈 살만 왕세자의 급진적 사회 개혁에 공개적으로 반대하지 않지만 보수적 대중에 대한 영향력으로 간접적인 압력을 행사한다. 2017년 이후 살만 알 오다^Salman al-Ouda, 아와드 알 카르니 ^Awad al-Qarni 같은 영향력 있는 종교 지도자들이 구금되면서 정치적 발언은 줄었지만 이는 오히려 수면 아래 불만 누적으로 이어질 수 있다. 특히 사회 개혁 속도가 과도하다고 느끼는 보수층의 반발이 종교 지도부를 통해 표출될 가능성이 상존한다.

이러한 전통적 권력 집단과 대비되는 것이 무함마드 빈 살만 왕세자가 직접 발탁한 테크노크라트 Technocrat 그룹이다. 야시르 알루마얀 PIF 총재, 칼리드 알팔리 투자부 장관, 모하메드 알자단 재무장관 등 40대 이하 전문 관료들은 왕족이 아님에도 실질적 정책 결정권을 행사한다. 이들은 국제적 교육 배경과 전문성을 바탕으로 비전 2030 실행을 주도하며 외국 기업에게는 가장 실무적이고 접근 가능한 파트너가 된다.[18] 그러나 이들의 권력이 전적으로 무함마드 빈 살만 왕세자에게 의존한다는 점은 또 다른 리스크 요인이다.

▎아람코 모델

이러한 복잡한 권력 구조가 기업 경영에 어떻게 작동하는지 가장 명확히 보여주는 사례가 사우디 아람코다. 시가총액 2조

달러의 세계 최대 기업이지만 그 운영 방식은 일반적인 상장기업과는 근본적으로 다르다. 아람코는 단순한 에너지 기업을 넘어 사우디가 글로벌 석유 시장에서 영향력을 행사하는 핵심 전략 수단이다.

사우디는 세계 최대 원유 매장량인 약 2,660억 배럴을 보유하고 있으며 이는 전 세계에서 확인된 매장량의 약 15%다. 아람코가 운영하는 가와르 유전은 단일 유전으로는 세계 최대 규모이며 사파니야 해상 유전과 함께 일일 1,200만 배럴 이상의 생산 능력을 뒷받침한다.[19] 이러한 압도적 생산능력은 경제적 자산을 넘어 지정학적 무기가 된다.

실제로 사우디는 석유수출국기구 Organization of the Petroleum Exporting Countries, OPEC 의 사실상 맹주로 국제 유가를 조정해왔다. 2020년 코로나 팬데믹 초기 러시아와의 감산 협상이 결렬되자 사우디는 일일 생산량을 1,230만 배럴로 급증시켜 유가를 배럴당 20달러 대로 폭락시켰다. 이는 단순한 가격 전쟁이 아니라 석유 시장의 질서를 재편하려는 전략이었다. 결국 러시아와 미국의 셰일 오일 생산업체들이 항복했고 OPEC+ 체제가 탄생했다.

OPEC+는 기존 OPEC 체제의 단순한 확장이 아니라 국제 석유 시장의 판도 변화 속에서 등장한 새로운 에너지 협력체다. 2010년대 중반 이후 미국 셰일 오일 생산이 급증하면서 OPEC 회원국들은 시장 지배력을 잃기 시작했다. 생산 경쟁이 치열해지면서 2014년부터 유가가 급락했고 일부 시기에는 배럴당 30달러 선까지 하락했다. OPEC 내부의 감산 합의는 번번이 실패했고 석유 수출 의존도가 높은 국가들은 재정 악화와 경제 불안이라는 이중고를 겪었다.

이러한 위기 속에서 OPEC는 러시아를 비롯한 주요 비(非)OPEC 산유국들과의 협력이 불가피하다고 판단했다. 그래서 2016년 말 OPEC와 러시아, 카자흐스탄, 멕시코 등 10여 개국이 공동 감산에 합의하면서 'OPEC+'라는 확장된 연합체가 탄생했다. 이들은 자발적 감산을 통해 국제 유가를 일정 수준 이상으로 유지하려는 전략적 관계를 형성했고 사우디와 러시아가 공동 주도국 역할을 맡았다. OPEC+는 가격협의기구를 넘어 에너지를 둘러싼 국제 정치·경제 흐름 속에서 새로운 세력 균형을 형성한 주체다. 이 연합체의 출범은 국제 석유 시장이 단극 구조에서 다극 조정체제로 전환되고 있음을 보여주었고 사우디는 OPEC 회원국뿐만 아니라 러시아 등 비OPEC 산유국까지 아우르는 더 큰 판을 주도하게 되었다.

이러한 석유 패권은 '페트로달러 Petrodollar' 체제를 통해 국제 금융 질서와도 연결된다. 1974년 사우디-미국 간 비밀 협정으로 시작된 이 체제는 사우디가 석유 거래를 달러로만 하는 대신 미국이 사우디의 안보를 보장하는 구조다. 아람코가 벌어들이는 연간 수천억 달러 규모의 석유 수입은 미국 국채와 서방 금융시장에 재투자되어 글로벌 금융 시스템을 떠받친다. 이는 사우디에게 경제적 이익뿐만 아니라 미국과의 특별한 관계라는 정치적 자산도 제공한다.

아람코의 지배구조는 이러한 전략적 중요성을 반영한다. 이사회 11명 중 6명이 정부가 지명한 이사이고 CEO 임명권은 형식적으로는 이사회에 있지만 실질적으로는 왕세자가 행사한다.[20]

2019년 야시르 알루마얀Yasir bin Othman Al-Rumayyan이 PIF 총재직을 유지하면서 아람코 이사장을 겸임한 것은 석유 자원에 대한 정치적 통제를 강화하려는 의도였다.

재무정책도 국가 전략의 연장선에서 결정된다. 2020년 코로나로 유가가 급락했을 때도 아람코는 정부 재정 확보를 위해 750억 달러의 배당을 유지해야 했다. 일반 기업이라면 현금 보존을 위해 배당을 축소했겠지만 아람코에게는 선택의 여지가 없었다. 정부 예산의 70%가 석유 수입에 의존하는 상황에서 아람코의 배당은 곧 국가 재정의 생명줄이기 때문이다. 2024년 기본 배당에 더해 310억 달러 규모의 추가 배당이 결정된 것도 같은 맥락이다.

사업 전략의 급격한 변화도 지정학적 고려의 결과물이다. 2023년 초까지 아람코는 일일 원유 생산능력을 1,300만 배럴로 확대하는 대규모 투자를 진행 중이었다. 이는 중국·인도의 수요 증가에 대응하고 러시아산 원유를 대체하려는 전략이었다. 그러나 무함마드 빈 살만 왕세자가 에너지 전환 가속화를 지시하자 수조 원 규모의 이 계획은 즉시 중단되었다. 그 대신 그린 수소와 블루 암모니아 같은 신에너지 사업에 투자가 집중되기 시작했다. 이는 단순한 사업 다각화가 아니라 변화하는 글로벌 에너지 경쟁에서도 패권을 유지하려는 장기적인 전략이었다.

아람코와 거래하는 기업들은 이러한 이중적 성격을 명확히 이해해야 한다. 표면적으로는 일반 기업과의 계약이지만 실질적으로는 사우디의 석유 외교와 연동된 정치적 거래다. 유가 변동, OPEC+ 정책, 미국과의 관계 등 거시적 변수들이 계약 이행과 대금 지급에 직접적인 영향을 미친다. 특히 국제 정세가 긴장 상태일 때 아람코는 석유를 무기화할 수 있으며 이는 협력업체들에게 예측 불가능한 리스크가 된다.

결국 아람코 모델은 사우디가 자원 패권을 정치적 영향력으로 전환하는 방식을 보여주는 교과서다. 세계 경제의 혈맥인 석유를 통제함으로써 국제 질서에 영향을 미치고 이를 통해 얻은 부와 영향력으로 국내 정치체제를 공고히 다진다. 외국 기업들은 이러한 구조 속에서 단순한 비즈니스 파트너가 아니라 사우디가 벌이는 전략적 게임의 일부가 될 수밖에 없다. 따라서 아람코와 관계를 맺으려면 상업적 고려를 넘어 지정학적 의미까지 고려한 전략적 접근이 필요하다.

▌ 정치적 리스크 관리체계 구축

사우디에서 활동하는 기업들이 직면하는 가장 큰 과제는 정치적 중립과 적극적인 정책 지지 사이에서 균형을 찾는 것이다. 비전 2030에 대한 적극적인 지지 표명은 필수이지만 이것이 특정 왕족이나 정치 세력과의 일체화로 해석되면 안 된다. 실제로 많은 외국 기업이 이 미묘한 경계선에서 실수를 저지른다. 한 유럽계 컨설팅 회사는 무함마드 빈 살만 왕세자의 개혁 정책을 공개적으로 칭찬하는 보고서를 발표했다가 그 내용이 다른 왕족에 대한 간접적인 비판으로 해석되어 정부의 여러 프로젝트에서 배제되었다.

이러한 실패 사례는 사우디에서 요구되는 정치적 감각의 섬세함을 보여준다. 성공적인 기업들은 비전 2030의 구체적 목표와 자사 사업의 연관성을 강조하면서도 이를 특정 인물이 아닌 국가 전체의 비전으로 표현하는 소통 전략을 구사한다. 투자부 Ministry of Investment, MISA에 제출하는 사업계획서에는 일자리 창출 수치, 기술 이전 계획, 현지 산업 육성 기여도를 구체적으로 명시하되 정치적 표현은 최대한 배제해야 한다.

리츠칼튼 사건 이후 많은 기업이 깨달은 고훈은 단일 접점 의존의 치명성이다. 신중한 입장은 다층적 인맥 구축으로 뒷받침되어야 한다. 한 일본계 건설사는 20년간 단독 파트너십을 유지하던 사우디 재벌이 하루아침에 구금되면서 수십억 달러 규모의 프로젝트가 중단되는 위기를 겪었다. 이후 이 회사는 5개 정부 부처, 3개 준정부기관, 10여 개 민간 기업과 동시다발적 관계를 구축하는 전략으로 전환했다.

특히 주목해야 할 것은 세대별 접근의 중요성이다. 50대 이상의 전통적인 엘리트들은 중요한 결정권을 갖고 있지만 실무적 집행은 40대 이하 젊은 관료들이 주도한다. 이들은 해외 유학 경험이 있고 영어에 능통하며 글로벌 비즈니스 관행에 익숙하다.

그러나 동시에 무함마드 빈 살만 왕세자의 비전에 대한 충성도가 평가 기준이 되는 환경에서 일한다. 따라서 기업들은 이들과의 관계에서 전문성과 정치적 민감성을 동시에 고려해야 한다.

현지 파트너를 선정하는 과정에서 이러한 복잡성이 가장 명확히 드러난다. 과거에는 정치적 영향력이 최우선 기준이었지만 리츠칼튼 사건 이후 '지속가능성'이 핵심 고려사항이 되었다. 현명한 기업들은 잠재 파트너에 대한 다각적 실사를 수행한다. 과거 10년간 사업 이력 검토, 정부 프로젝트 수행 실적 분석, 주요 임원진의 정치적 성향과 관계 파악이 필수다. 재무 건전성은 기본이고 무엇보다 법규 준수 이력을 철저히 조사한다. 특히 국가반부패위원회의 조사를 받은 적이 있는지, 과거 계약 분쟁 여부를 면밀히 확인해야 한다.

실사 과정에서 발견되는 정보는 때때로 상충된다. 영향력은 있지만 컴플라이언스 리스크가 높은 파트너와 청렴하지만 영향력이 제한적인 파트너 사이에서 선택해야 하는 상황이 빈번하다. 성공적인 기업들은 단일 파트너에 대한 의존을 피하고 포트폴리오 접근법을 채택한다. 주 계약자로는 안정적이고 신뢰할 수 있는 중견 기업을 선정하고 정치적 네트워킹과 현지 인맥 활용을 위해서는 복수의 파트너나 컨설턴트를 활용하는 구조를 구축한다.

투명성과 법규 준수는 이러한 복잡한 관계 속에서 기업을 보호하는 최후의 보루다. 무함마드 빈 살만 왕세자의 "100달러만 훔쳐도 대가를 치를 것"[20]이라는 발언은 단순한 경고가 아니다. 실제로 2020년 이후 국가반부패위원회는 연간 3,000건 이상의 부패 사건을 적발했으며 외국 기업의 임직원도 예외가 아니다. 한 한국 기업의 현지 법인장은 정부 관료에게 제공한 1만 달러 상당의 선물 때문에 구금되었고 기업은 거액의 합의금을 내야만 했다.

따라서 모든 거래와 소통을 문서화하는 것이 필수다. 이메일, 회의록, 계약서는 물론 비공식적인 만남 기록까지 체계적으로 보관해야 한다. 일부 기업은 정부 관료와의 모든 미팅에 2명 이상 참석하는 '투맨룰 Two-Man Rule'을 적용하고 선물이나 접대에 대한 엄격한 내부 지침을 적용한다. 이는 번거로워 보이지만 위기 상황에서 기업을 보호하는 증거가 된다.

이런 모든 예방 조치에도 불구하고 위기는 예고 없이 찾아온다. 2023년 3월 사우디-이란의 관계 정상화는 많은 기업을 당황시켰다. 이란에 대한 제재를 고려해 사업을 포기했던 기업들은 갑작스러운 정책 전환에 대처할 준비가 되어 있지 않았다. 반대로 선견지명이 있던 일부 기업은 복수의 시나리오를 준비한 덕분에 새로운 기회를 신속히 포착했다.

따라서 효과적인 위기 대응체계는 단순한 매뉴얼이 아니라 살아있는 시스템이어야 한다. 정기적인 시나리오 워크숍을 통해 다양한 상황을 시뮬레이션하고 현지 팀과 본사 간의 신속한 의사결정 체계를 구축하며 즉시 가동할 수 있는 법률 자문단을 확보해야 한다. 특히 중요한 것은 조기 경보 시스템의 구축이다. 정부 인사 변동, 주요 정책 발표, 국제 정세 변화의 징후를 미리 포착해 선제적으로 대응할 수 있는 정보 네트워크와 분석 역량이 경쟁력의 핵심이다.

사우디에서의 정치적 리스크 관리는 수동적 방어가 아닌 능동적 적응 과정이다. 절대군주제의 특성상 정책 변화는 빠르고 예측하기 어렵지만 바로 그 특성이 준비된 기업에게는 기회가 될 수 있다. 정치와 비즈니스의 경계가 모호한 사우디 시장에서 성공하려면 정치적 역학을 이해하고 체계적으로 관리하는 역량이 필수다. 이는 단순한 리스크 회피가 아니라 불확실성을 기회로 전환하는 전략적 역량이며 이를 갖춘 기업만 복잡하지만 잠재력이 큰 사우디 시장에서 지속적인 성장을 달성할 수 있다.

> **핵심 코칭 포인트**

사우디 비즈니스의 핵심은 정치와 경제가 불가분의 관계임을 인정하고 이에 대처하는 것이다. 절대군주제 아래서 왕령은 즉각적인 법적 효력을 가지며 무함마드 빈 살만 왕세자 중심의 중앙집권적 의사결정 구조는 정책의 실행 속도를 높이는 동시에 예측 불확실성도 증대시킨다. 기업은 다층적 네트워크 구축, 철저한 법규 준수, 체계적인 정보 수집, 중립성 유지를 통해 리스크를 관리해야 한다. 특정 계파나 인물에 대한 과도한 의존에서 벗어나 변화하는 정치 환경에 유연하게 대처할 수 있는 시스템을 구축해야만 지속적인 성공이 가능하다.

사우디아라비아의
군사력과 지정학적 위협

 2019년 9월 14일 새벽 18대의 드론과 7발의 순항 미사일이 사우디아라비아의 주요 석유 시설을 공격했다. 세계 최대 석유 처리 시설인 아브카이크Abqaiq와 쿠라이스Khurais 정유시설에서 화재가 발생했고 전 세계 석유 공급량의 5%, 사우디 일일 생산량인 570만 배럴이 중단되었다. 국제 유가는 개장과 동시에 20% 가까이 급등했고 전 세계 에너지 시장은 충격을 받았다. GDP의 7.1%에 달하는 국방 예산을 투입하고 미국산 패트리어트 미사일 방어체계를 갖춘 사우디가 드론 공격을 막지 못한 것이다.[22]

이 사건은 사우디에서 사업하는 기업들에게 중요한 시사점을 제공했다. 아무리 첨단 군사장비를 보유해도 21세기 비대칭 위협에는 취약할 수 있다는 사실이다. 더 중요한 것은 이러한 안보 위협이 단순한 군사적 문제를 넘어 기업 경영의 모든 측면에 즉각적이고 직접적인 영향을 미친다는 것이다.

전략적 요충지로서의 사우디아라비아

사우디가 지속적인 안보 위협에 직면하는 근본적 이유는 독특한 지정학적 위치 때문이다. 아라비아반도의 약 80%를 차지하는 사우디는 동쪽으로는 페르시아만, 서쪽으로는 홍해를 접하고 있다. 이 두 해역은 전 세계 에너지 수송로의 핵심축으로 특히 호르무즈 해협과 바브엘만데브 해협은 일일 2,100만 배럴의 원유가 통과하는 해상무역의 생명선이다. 사우디는 이 두 해역을 통해 아시아, 아프리카, 유럽을 연결하는 글로벌 에너지·물류의 교차점에 위치해 있다.

특히 동부 지역의 가와르 Ghawar 유전은 세계 최대 규모로 사우디 전체 원유 생산량의 절반 이상을 담당한다. 아람코의 핵심 시설이 집중된 이 지역은 사우디 경제의 심장부이자 외부 위협에 가장 취약한 지점이다. 이란과 불과 200km 떨어진 이곳은 군사적 긴장이 고조될 때마다 표적이 된다.

북쪽으로는 요르단, 이라크, 쿠웨이트와 국경을 접하고 남쪽으로는 예멘과 맞닿아 있다. 이라크 전쟁 당시 미군의 주요 거점이었던 사우디는 현재도 미국, 영국과의 군사 협력을 통해 지역 안보의 중심축 역할을 수행하고 있다. 1,800km에 달하는 예멘과의 국경은 후티 Houthis 반군의 드론과 미사일 공격이 빈번한 최전선이 되었다. 이는 단순한 국경 분쟁이 아니라 이란-사우디 대리전의 현장이다.

한편, 서쪽 홍해 연안의 제다 Jeddah 와 얀부 Yanbu 는 수에즈 운하를 통해 지중해와 연결되는 물류 거점으로 사우디는 이 지역을 통해 동쪽에 편중된 산업 구조를 분산시키고 있다.

이슬람 성지인 메카와 메디나를 보유한 사우디는 종교적 권위를 외교 전략의 핵심 자산으로 활용한다. 매년 200만 명 이상이 참여하는 하지 순례는 막대한 경제적 수익을 창출할 뿐만 아니라 이슬람 세계에서의 리더십을 강화하는 소프트파워로 작용한다. 이러한 종교적 정당성은 왕정체제의 안정성을 뒷받침하는 동시에 이란과의 이념적 대립에서 중요한 무기가 된다.

최근 사우디는 이러한 지정학적 이점을 경제 발전과 연계하는 전략을 추진하고 있다. 5,000억 달러 규모의 네옴 프로젝트는 요르단, 이집트와의 국경 인근인 홍해 연안에 건설 중이다. 이는 단순한 스마트시티가 아니라 아시아-유럽-아프리카를 연결하는 초국가적 플랫폼으로 설계되었다. 사우디는 지정학적 위치를 활용해 글로벌 물류, 자본, 기술의 허브로 거듭나려는 계획을 추진 중이다.

기업들에게 사우디의 지정학적 위치는 기회이자 위험이다. 글로벌 에너지 공급망의 중심에서 사업한다는 것은 엄청난 기회인 동시에 지정학적 긴장의 한복판에 노출된다는 것을 의미한다. 호르무즈 해협이 봉쇄되거나 예멘 국경에서 충돌이 발생하면 기업 활동은 곧바로 타격을 받는다. 따라서 사우디에서 사업하는 기업들은 이러한 지정학적 리스크를 항상 모니터링하고 대비해야 한다.

▌ 군사력 투자의 역설

2025년 사우디아라비아의 국방 예산은 세계 5위 수준인 780억 달러로 GDP의 약 7.1%를 차지한다. 북대서양조약기구^{NATO} 권고 기준인 GDP 2%의 3배가 넘는 수치로 사우디가 안보를 얼마나 중시하는지를 보여준다. 이 막대한 예산은 대부분 미국, 영국, 프랑스 등 서방으로부터 최첨단 무기를 구매하는 데 투입된다. F-15 전투기, 패트리어트 미사일, 사드^{THAAD} 시스템 등 사우디군의 무기체계는 세계 최고 수준이다.

그러나 이러한 첨단 하드웨어가 강력한 군사력을 보장하는 것은 아니다. 사우디군은 실전 경험 부족, 외국인 용병에 대한 의존, 자주국방 능력의 한계라는 구조적 문제를 안고 있다. 이는 기업 입장에서는 이중 부담으로 작용한다. 방위산업 분야에서 거대한 비즈니스 기회가 열려 있는 동시에 안보 불안정성이 상존하기 때문이다.

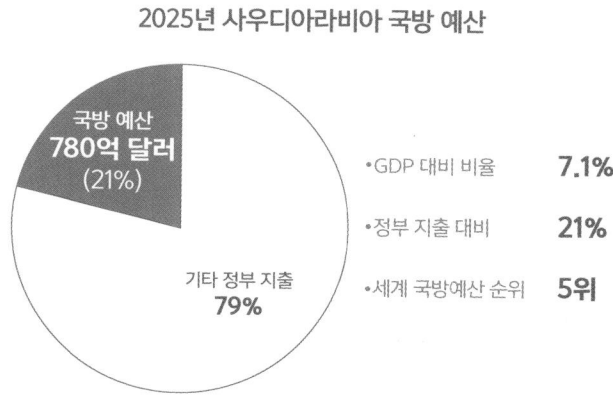

2025년 사우디아라비아 국방 예산

특히 주목할 점은 사우디의 군사력이 단순한 국방을 넘어 정권의 안정과 내부 통제 도구로도 활용된다는 것이다. 정규군 외에 국가방위군 National Guard이라는 별도 군사 조직이 존재한다. 전통적인 부족 기반 병력으로 구성된 이 조직은 왕실 보호와 내부 안정을 위한 핵심 전력이다. 기업들은 이러한 이중적 군사 구조가 만들어내는 복잡한 권력 역학을 이해하고 그에 따른 비즈니스 리스크를 관리해야 한다.

이란과의 그림자 전쟁

사우디아라비아와 이란의 대립은 단순한 국가 간 경쟁을 넘어 종파, 이념, 지역 패권을 둘러싼 총체적 대결이다. 수니파^{Sunni} 이슬람의 종주국을 자처하는 사우디와 시아파^{Shia} 혁명을 수출하려는 이란의 갈등은 중동 전역을 전장으로 만들었다. 이슬람교는 예언자 무함마드 사후 후계자 자리를 둘러싼 분쟁으로 수니파와 시아파로 분열되었고 이 종파 간 대립은 수백 년 동안 정치·사회·종교적 영역에서 이어져 왔다.

배경을 간단히 설명하자면 수니파는 무함마드 사후 공동체의 합의로 후계자를 선출해야 한다고 본 반면, 시아파는 무함마드의 사촌이자 사위인 알리와 그의 직계 혈통이 후계자가 되어야 한다고 주장했다. 이로 인해 양 종파는 신앙 해석, 종교 지도자의 권위, 정치적 정당성에 대한 인식에서 큰 차이를 보였다. 이는 단순한 교리상 차이를 넘어 정치체제와 국가 정체성에까지 영향을 미치는 갈등 구조로 발전했다.

현대에 이르러 사우디는 수니파 이슬람, 그중에서도 가장 보수적인 와하비즘에 기반한 왕정체제를 유지하고 있으며 메카와 메디나라는 이슬람 성지를 보유한 국가로서 이슬람 세계의 수호자를 자처한다. 반면, 이란은 1979년 이슬람 혁명을 통해 시아파 신정체제를 확립했으며 자신들을 시아파 세계의 중심이자 억압받는 시아파 공동체의 보호자로 인식한다.

양국은 종교적 정체성을 중심으로 자국의 정치적 정통성과 영향력을 정당화하며 중동 지역 내에서 각자의 종파적 네트워크를 통해 세력 확장을 꾀해 왔다. 수니파와 시아파라는 종파 대립은 단순히 교리나 예배 방식의 차이를 넘어 국가 간 외교 전략과 지역 패권 경쟁에 깊이 결합된 요소로 작용한다. 이 대결은 직접적인 군사 충돌 대신 대리전, 사이버 공격, 경제 전쟁 형태로 전개되고 있다.

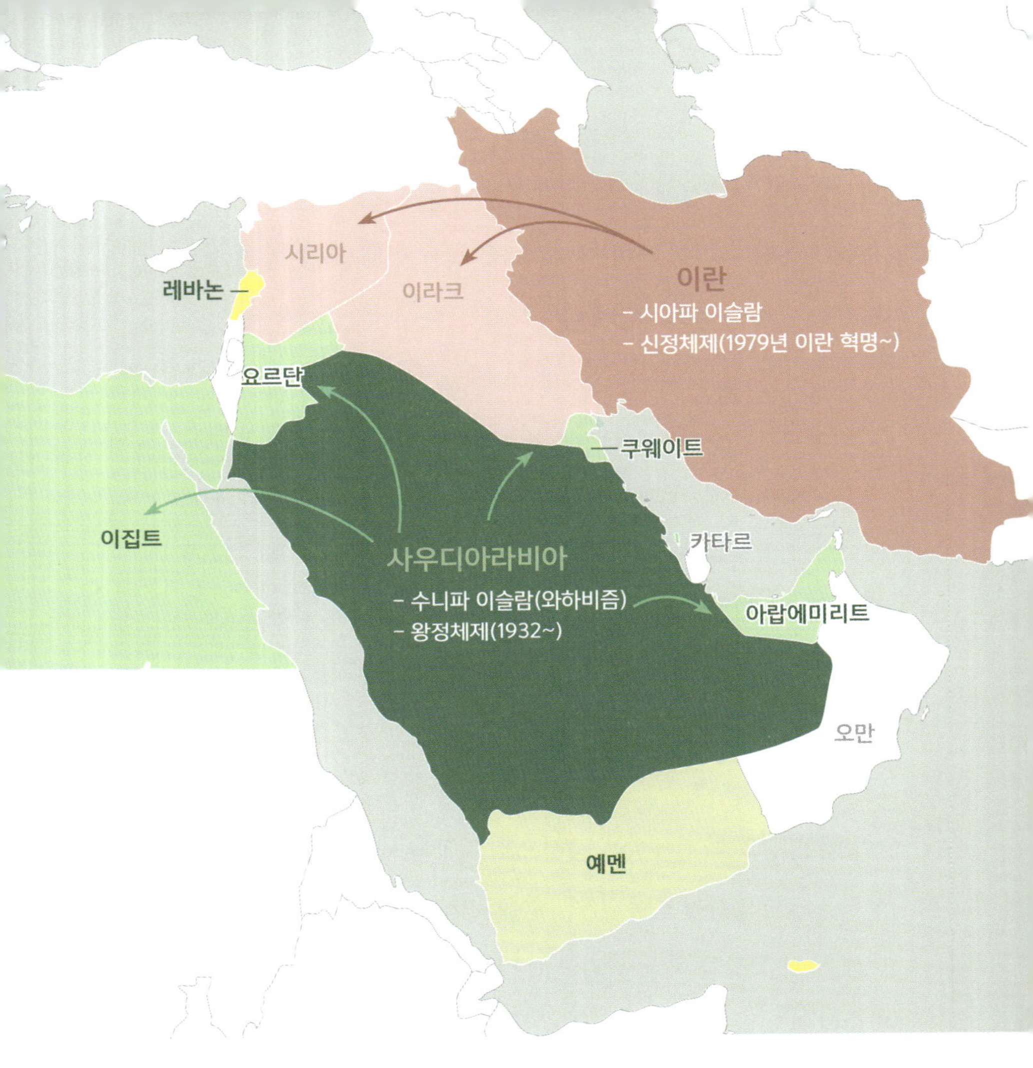

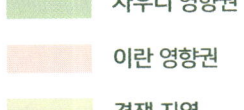

	사우디 영향권	레바논	헤즈볼라(이란) vs. 친 서방세력
	이란 영향권	시리아	아사드(이란) vs. 반군(사우디)
	경쟁 지역	예멘	사우디 vs. 후티(이란 지원)

예멘 내전은 이러한 대리전의 대표적 사례다. 2015년부터 사우디가 주도하는 연합군과 이란이 지원하는 후티 반군 간 전쟁은 10년째 계속되고 있다. UN 추정에 따르면 2021년 말까지 37만 7천 명이 직·간접적 원인으로 사망했고 예멘 인구의 70%인 2,160만 명이 긴급한 인도적 지원이 필요한 상태다.[23]

기업 입장에서 더 직접적인 위협은 이 전쟁이 사우디 본토로 확산되고 있다는 점이다. 후티 반군의 미사일과 드론은 정기적으로 사우디 남부 국경을 넘어 도시와 산업 시설을 공격한다. 2019년 아람코 공격은 그 정점이었지만 크고 작은 공격은 지금도 계속되고 있다. 리야드와 제다 등 주요 도시의 공항이 공격받고 석유 시설이 표적이 되는 상황에서 정상적인 기업 운영은 어렵다.

2023년 중국의 중재로 사우디와 이란이 외교 관계를 정상화했음에도 근본적인 갈등 구조는 해결되지 않았다. 표면적인 화해 무드와 달리 양국의 지정학적 경쟁은 계속되고 있으며 이는 불안정 요인으로 여전히 남아 있다.

사우디의 안보 정책이 만들어내는 또 다른 리스크는 국제적 평판 문제다. 예멘 내전에서의 민간인 사상자, 언론인 살해 의혹, 인권 탄압 등은 서방 국가들과 국제 여론의 강력한 비판을 받고 있다. 이는 사우디와 비즈니스를 하는 기업에게 직접적인 평판 리스크로 이어진다.

특히 2018년 10월 2일 발생한 자말 카슈끄지 사건은 이러한 평판 리스크의 극단적 사례를 보여준다. 『워싱턴포스트』Washington Post 칼럼니스트이자 사우디 정권 비판자였던 카슈끄지Jamāl Ahmad Hāšuqjī는 터키 이스탄불의 사우디 총영사관에서 15명의 사우디 요원에게 살해당했다.[24] 결혼 서류를 발급받기 위해 영사관을 방문했다가 변을 당했고 토막 난 시신은 유기되어 지금까지 발견되지 않고 있다. 터키 당국이 확보한 음성 녹음에는 살해 과정이 담겨 있었고 미국 정보기관은 무함마드 빈 살만 왕세자가 이 작전을 승인한 것으로 결론 내렸다.

이 사건의 파장은 즉각적이고 광범위했다. 글로벌 기업 CEO들은 리야드에서 열릴 예정이던 '미래 투자 이니셔티브'Future Investment

Initiative 컨퍼런스 참석을 줄줄이 취소했다. JP모건의 제이미 다이먼, 블랙스톤의 스티븐 슈워츠먼, 블랙록의 래리 핑크 등 금융계 거물들이 불참을 선언했고 우버, 버진 그룹 등 주요 기업들도 거리를 두기 시작했다. 일부 기업은 사우디 프로젝트에서 완전히 철수하기도 했다.

그러나 시간이 지나면서 많은 기업이 사우디로 다시 돌아왔다. 막대한 경제적 기회를 포기하기 어려웠기 때문이다. 2023년에는 PGA 투어가 사우디 자본이 지원하는 LIV 골프와의 합병을 발표해 논란을 일으켰다. 이는 사우디가 '스포츠워싱'Sportswashing을 통해 이미지를 개선하려는 전략의 일환으로 해석되었다.

실제로 많은 글로벌 기업이 사우디와의 관계 때문에 소비자 불매운동, 투자자 압박, ESG 점수 하락 등의 문제에 직면했다. 카슈끄지 사건 이후 사우디와의 비즈니스 관계는 '평판 세탁'에 가담하는 것으로 비판받기도 했다. 인권단체들은 사우디와 거래하는 기업 명단을 공개하고 압박을 가했다.

이러한 평판 리스크는 단기적 여론 문제를 넘어 장기적 비즈니스의 지속가능성에 영향을 미친다. ESG가 기업 평가의 핵심 지표로 부상하면서 사우디와의 비즈니스 관계는 더 신중한 관리가 필요해졌다. 기업들은 사우디에서의 사업 기회와 글로벌 평판 사이에서 균형을 유지해야 한다.

▌ 기업의 생존 전략

사우디의 복잡한 안보 환경에서 기업이 성공하려면 체계적인 리스크 관리가 필수다. 가장 기본적인 것은 다층적 공급망 구축이다. 단일 경로 의존은 치명적일 수 있다. 홍해와 페르시아만을 통한 해상 운송 외에도 육로, 항공 등 대체 경로를 확보해야 한다. 특히 호르무즈 해협과 바브엘만데브 해협은 언제든지 봉쇄될 수 있는 전략적 취약점이므로 우회 경로와 비상 계획을 사전에 수립해야 한다.

공급망 다변화와 함께 전략적 재고 관리도 필수다. 적시생산 방식 Just-in-time 은 평시에는 효율적이지만 안보가 불안정한 상황에서는 위험하다. 핵심 부품과 원자재의 재고를 안전하게 확보하고 현지 공급업체와의 관계를 다변화하는 것이 현명하다. 이는 단순한 물류 문제가 아니라 사업의 연속성을 보장하는 핵심 전략이 된다.

물리적 공급망만큼 중요한 것이 디지털 보안이다. 2012년 아람코를 마비시킨 샤문 Shamoon 바이러스 공격은 사우디가 사이버 공격의 주요 표적임을 보여주었다. 기업은 국가사이버보안청 NCA 의 기준을 충족시키는 것은 물론이고 그 이상의 보안체계도 구축해야 한다. 특히 산업제어시스템 Industrial Control System, ICS 과 운영기술 Operational Technology, OT 보안에 각별한 주의가 필요하다. 사이버 보안은 더 이상 IT 부서만의 문제가 아니라 경영진이 직접 관여해야 하는 전략적 문제다.

예방적 조치와 더불어 위기 대응체계 구축도 핵심이다. 안보 위기는 예고 없이 발생한다. 직원 대피, 자산 보호, 사업연속성 계획 Business Continuity Plan, BCP 등을 포함한 종합적인 위기 대응 매뉴

얼을 준비하고 정기적인 모의훈련을 실시해야 한다. 특히 본사와 현지 법인 간의 신속한 의사결정 체계가 중요하다. 위기 상황에서 몇 시간만 지연되어도 기업의 생존을 좌우할 수 있기 때문이다.

리스크 관리의 또 다른 축은 금융적 헤징 Hedging이다. 전쟁 보험, 정치적 리스크 보험 등 특수 보험상품을 활용하고 불가항력 조항을 계약 조건에 명확히 포함시켜야 한다. 환율 변동, 유가 변동 등 간접적 리스크에 대한 헤징 전략도 필요하다. 이는 단순한 비용이 아니라 불확실성 속에서 사업을 지속하기 위한 필수 투자다.

무엇보다 중요한 것은 현지 보안 파트너십이다. 사우디의 복잡한 안보 환경을 외국 기업이 독자적으로 관리하기는 불가능하다. 신뢰할 수 있는 현지 보안 컨설팅 회사와 협력하고 정부 보안기관과 긴밀한 협조체제를 구축해야 한다. 현지 네트워크는 단순한 정보 수집을 넘어 위기 상황에서 기업을 보호하는 안전망 역할을 한다.

사우디의 대규모 국방 투자는 역설적으로 그만큼 큰 안보 위협이 존재함을 보여준다. 막대한 국방 예산에도 불구하고 비대칭 위협과 지정학적 갈등은 계속되고 있다. 기업들은 이러한 안보 환경을 단순한 리스크가 아닌 상수로 받아들이고 그에 맞는 경영 전략을 수립해야 한다.

사우디에서의 성공은 안보 리스크의 효과적 관리에 달려 있다. 이는 단순한 위기관리를 넘어 안보를 경영의 핵심 요소로 통합하는 것이다. 불확실성을 기회로 전환할 수 있는 기업만 사우디라는 고위험·고수익 시장에서 생존할 수 있다.

> **핵심 코칭 포인트**

사우디에 진출한 기업들은 안보 리스크를 경영의 핵심 변수로 인식하고 다층적 공급망 구축, 전략적 재고 관리, 사이버 보안 강화, 위기 대응체계 구축, 리스크 헤징, 현지 보안 파트너십이라는 6개 핵심 전략을 통합적으로 운영해야 한다. 특히 전략적 요충지인 사우디의 지정학적 위치는 기회인 동시에 위험 요소로 작용하므로 호르무즈 해협, 바브엘만데브 해협, 예멘 국경 등 주요 리스크 지점에 대한 상시 모니터링이 필수다. 2019년 아람코 공격 사례가 보여주듯이 첨단 방어 시스템도 비대칭 위협에는 취약할 수 있으므로 전통적인 안보 개념을 초월하는 포괄적이고 유연한 리스크 관리가 필수다.

새로운 안보 개념:
사이버, 드론, 무인 시스템이 주도하는 전장

2012년 8월 15일 라마단 기간 도중 불타는 미국 성조기 이미지가 아람코 직원들의 컴퓨터 화면에 나타났다. 몇 시간 만에 3만 5천 대의 컴퓨터가 작동을 멈추었고 세계 최대 석유 기업의 IT 시스템은 완전히 마비되었다. '샤문'Shamoon 바이러스로 명명된 이 공격으로 직원들은 타자기와 팩스로 업무를 처리해야 했고 전 세계 석유 공급망에 차질이 발생했다.[25]

이는 단순한 해킹Hacking이 아니었다. 국가 차원의 사이버 무기가 민간 기업을 표적으로 삼은 첫 대규모 사례였다. 더 충격적인 것은 2016년과 2018년에도 샤문 2.0과 3.0이 다시 등장해 사우디 정부기관과 에너지 기업들을 공격했다는 것이다.

이러한 반복적인 사이버 공격과 함께 최근에는 드론과 무인 시스템이 새로운 위협으로 떠올랐다. 물리적 방어막을 회피하는 이러한 공격들은 완전히 변화된 21세기 안보 패러다임을 보여준다. 전장은 더 이상 물리적 공간에 국한되지 않으며 사이버 공간과 하늘, 전자파 영역으로 확장되었다.

▌디지털 시대의 새로운 안보 위협과 사우디의 대응

사우디아라비아가 직면한 새로운 안보 위협은 전통적인 군사 개념을 완전히 바꾸고 있다. 과거에는 국경선을 지키고 적의 탱크와 전투기를 막는 것이 안보의 전부였지만 이제는 사이버 공격, 원격 조종 드론, 인공지능 기반 자율 무기체계가 새로운 위협으로 떠올랐다. 사우디가 이러한 위협을 심각하게 받아들이는 이유는 국가 경제의 핵심인 석유 인프라가 고도로 디지털화되어 있기 때문이다. 아람코의 생산 시설, 송유관, 정유공장은 모두 감시 제어 데이터 수집Supervisory Control and Data Acquisition, SCADA 시스템으로 운영된다. 이는 효율성을 높이는 동시에 사이버 공격에 대한 취약성도 증가시킨다. 제어 시스템 하나가 해킹당하면 에너지 공급망 전체가 마비될 수 있다.

사우디의 대처는 다층적이고 포괄적이다. 2017년 설립된 국가사이버보안청NCA은 왕세자 직속기관으로 강력한 권한과 예산을 보유하고 있다. NCA는 정부 시스템 보호를 넘어 민간 기업의 사이버 보안 수준까지 직접 관리·감독한다. 2024년 12월에는 새로운 규정을 발표했는데 위반하면 최대 2,500만 리얄(약 666만 달러)의 벌금을 부과할 수 있는 권한을 부여받았다.

더 주목할 점은 사우디가 공격적인 사이버 역량을 구축 중이라는 것이다. 방어만으로는 한계가 있다고 인식하고 적대 세력의 사이버 인프라를 선제적으로 무력화하는 능력을 개발하고 있다. 이를 위해 세계 최고의 사이버 보안기업들과 협력하고 자체

사이버 전문가 양성에도 대규모 투자를 진행 중이다.

▌사이버 안보체계의 진화

사우디의 사이버 안보체계는 크게 세 가지 축으로 구성된다.[26] 먼저 기술적 방어체계다. 인공지능 기반 위협 탐지 시스템, 양자 암호화 기술, 블록체인을 활용한 데이터 무결성 보장 등 최첨단 기술을 활용한다. 특히 모든 핵심 인프라에 '에어갭'Air Gap 시스템을 구축해 인터넷과 물리적으로 분리한 것이 특징이다.

인적 역량 강화도 중요한 축이다. 사우디는 연간 수천 명의 사이버 보안 전문가 양성을 위해 대규모 교육 프로그램을 운영 중이다. 킹압둘라과학기술대학King Abdullah University of Science and Technology, KAUST에 세계적 수준의 사이버보안연구소가 설립되었고 미국, 영국의 주요 대학들과 협력해 고급 인력을 양성하고 있다. 2025년부터는 모든 사이버 보안 직책을 사우디 국민으로만 채워야 한다는 새로운 자국민 고용 규정도 시행되었다.

국제협력 네트워크도 빼놓을 수 없다. 사이버 위협은 국경이 없어 단독으로 대처하는 데는 한계가 있다. 사우디는 미국 사이버사령부, 영국 정보통신본부 Government Communications Headquarters, GCHQ 등과 긴밀한 정보 공유체계를 구축했다. 걸프협력회의 Gulf Cooperation Council, GCC 차원에서 통합 사이버 방어체계를 구축해 지역 전체의 사이버 안보 수준을 높이고 있다.[27]

드론 방어와 무인 전력 확대

무인 전력 분야에서 사우디의 변화는 매우 전략적이다. 2018년 예멘 후티 반군의 드론 공격을 계기로 사우디는 기존 방공체계가 저고도 소형 드론에 취약하다는 것을 깨달았다. 2021년까지 왕립 사우디 공군은 311대의 순항 미사일과 343대의 자살용 드론을 격추했다고 발표했지만 일부 공격은 막지 못했다. 이러한 경험을 바탕으로 사우디는 드론 강국으로의 전환을 선언했다.

사우디의 접근법은 단순한 방어를 넘어 적극적인 드론 전력 구축으로 확대되었다. 미국 제너럴 아토믹스General Atomics와 최대 200대의 MQ-9 드론 구매를 협상 중이며[28] 중국, 터키 등과도 기술 이전을 포함한 전략적 파트너십을 체결했다. 이는 단순한 드론 구매가 아니라 자체 생산능력 확보라는 장기적 비전이다.

특히 주목할 것은 사우디가 개발 중인 자체 드론 프로젝트들이다. '스카이 가드'Sky Guard는 프린스 술탄 첨단기술연구소Prince Sultan Advanced Technology Research Institute, PSATRI가 개발한 전술용 무인기로 50kg의 탑재 중량과 8시간의 체공 시간을 자랑한다.[29] 사우디는 이 드론의 시험 운용을 거쳐 2021년부터 양산에 들어갔다. 더 나아가 AI 기반 드론 스웜Swarm 운용 시스템도 개발 중이다. 이는 수백 대의 드론을 동시에 제어해 국경 감시, 정찰, 필요하면 공격 임무까지 수행할 수 있다.

반드론Anti-drone 시스템 개발에도 박차를 가하고 있다. 2024년 사우디는 6개 신규 방공 시스템 통합을 발표했다. 여기에는 미국의 사드, 러시아의 판치르-S1M, 중국의 사일런트 헌터 레이저 시스템, 이탈리아의 ADRIAN, 프랑스의 크로탈 NG가 포함된다.[30] 이 시스템들은 레이저 무기, 전자파 교란 장치, 드론 포획용 드론 등 다양한 방어 수단을 통합한 다층 방어망을 구성한다.

내부 통제와 기업의 딜레마

사우디의 새로운 안보 개념에서 논란이 되는 부분은 내부 감시 시스템이다. 정보기관인 총정보청 General Intelligence Directorate, GID과 국가안보청 Presidency of State Security은 첨단 디지털 기술을 활용해 국민의 온라인 활동을 광범위하게 모니터링한다. 소셜미디어, 메신저, 이메일은 물론 전화 통화까지 감시 대상이다.

이러한 감시체계는 '아브셔'Absher라는 정부 앱을 통해 더 정교해졌다. 표면적으로는 전자정부 서비스를 제공하는 앱이지만 실제로는 국민의 이동과 활동을 추적하는 도구로도 활용된다. 특히 여성의 해외여행 허가, 외국인 노동자의 이동 제한 등에 사용되어 국제적 비난을 받고 있다.

이는 기업에게 매우 민감한 사안이다. 사우디 정부의 보안 요구 사항을 충족시켜야 하는 동시에 국제적 인권 기준과 기업의 사회적 책임도 준수해야 한다. 특히 IT 기업들은 딜레마에 직면한다. 사우디 정부가 요구하는 데이터 현지화, 암호화 키 제공, 백도어 설치 등은 글로벌 기준과 충돌하기 때문이다.

▌기업의 대응 전략

사우디의 새로운 안보 환경에서 기업이 성공하려면 체계적인 준비가 필요하다. 가장 기본적인 보안 전략은 '제로 트러스트'Zero Trust 아키텍처 구축이다.[31] 전통적인 경계 기반 보안은 더 이상 유효하지 않다. 모든 사용자, 모든 디바이스, 모든 애플리케이션을 잠재적 위협으로 간주하고 지속적으로 검증해야 한다.

AI 기반 위협 인텔리전스 시스템 도입도 필수다. 수동적 방어로는 진화하는 위협에 대응할 수 없다. 머신러닝을 활용해 비정상적 패턴을 실시간으로 탐지하고 예측적 분석을 통해 잠재적 위협을 사전에 차단해야 한다. 이와 함께 하이브리드 클라우드 전략으로 리스크를 분산하는 것도 중요하다. 모든 데이터를 사우디 내에 저장하라는 현지화 요구와 글로벌 운영의 효율성 사이에서 균형점을 찾아야 한다.

물리적 시설을 운영하는 기업이라면 드론 위협에 대한 대응 지침 마련도 중요하다. 드론 탐지 레이더, 전파 방해Jamming 장비 도입을 검토하고 직원들의 대피 훈련을 정기적으로 실시해야 한다. 더불어 윤리적 기술 사용 지침을 제정해 사우디 정부의 감시 요구와 기업의 윤리적 책임 사이에서 명확한 선을 그어야 한다.

인재 확보와 교육 투자도 빼놓을 수 없다. 사이버 보안과 드론 운용 전문가는 사우디에서도 희소한 자원이다. 현지 대학과의 산학협력, 자체 교육 프로그램 운영 등을 통해 필요한 인재를 확보·육성해야 한다. 마지막으로 사업연속성계획Business Continuity Planning, BCP의 전면 재검토가 필요하다. 전통적인 BCP는 자연재

해나 시스템 장애를 가정하지만 사우디에서는 사이버 공격, 드론 공격, 정부의 인터넷 차단 등 새로운 시나리오를 포함시켜야 한다.

사우디의 새로운 안보 환경은 기업에게 전례 없는 도전이자 기회다. 사이버 보안과 드론 기술은 단순한 위협이 아니라 새로운 비즈니스 기회. 이 분야에 특화된 솔루션을 제공할 수 있는 기업에게 사우디는 거대한 시장이 될 수 있다. 그러나 이러한 기회를 잡으려면 철저한 준비가 필요하다. 기술적 역량뿐만 아니라 현지의 정치적·문화적 맥락을 이해하고 윤리적 딜레마를 현명하게 관리하는 능력이 필요하다.

21세기 전장에서 살아남으려면 21세기 무기와 전략으로 무장해야 한다. 사우디에서의 성공은 이러한 새로운 안보 패러다임을 얼마나 잘 이해하고 대응하느냐에 달려 있다.

> **핵심 코칭 포인트**

사우디의 새로운 안보 환경에서 기업은 제로 트러스트 보안 아키텍처, AI 기반 위협 탐지, 하이브리드 클라우드, 드론 대응 지침, 윤리적 기술 사용 지침, 현지 인재 육성, 포괄적 BCP 수립이라는 7가지 핵심 전략을 통합적으로 운영해야 한다. 특히 NCA의 강화된 규제 환경과 다층적 드론 방어 시스템 구축은 사우디가 21세기형 위협에 적극 대응하고 있음을 보여준다. 기업들은 이러한 변화를 새로운 비즈니스 기회로 전환하는 전략적 사고가 필요하다.

PART 3

종교 규범과 법체계

이슬람 발상지,
사우디아라비아 역사의 시작

이슬람이 태동하기 이전의 아라비아반도는 '자힐리야'^{Jahiliyyah} 즉, '무지의 시대'로 불렸다. 그러나 이는 단순히 문명이 없었다는 뜻이 아니다. 오히려 고도로 발달한 부족사회 체계와 독특한 문화적 전통이 존재했고 이러한 토대 위에서 이슬람이라는 세계 종교가 탄생할 수 있었다.

고대 아라비아반도는 지리적으로 3개의 주요 지역으로 구분되었다. 북쪽의 비옥한 초승달 지대와 접한 지역, 서쪽의 홍해 연안 지역인 히자즈Hejaz, 광활한 중앙 사막 지대인 나즈드Najd다.32) 각 지역은 서로 다른 생활양식과 경제 구조를 발전시켰고 이는 오늘날 사우디아라비아의 지역적 특성에도 그대로 반영되어 있다. 현대 사우디에서 사업을 진행할 때 지역별 문화적 차이를 이해하는 것이 중요한 이유다. 아라비아반도의 지리적 구분은 오늘날 사우디아라비아의 지역별 문화와 비즈니스 환경의 차이를 이해하는 데 중요한 기초가 된다.

부족 사회의 핵심은 '아사비야'Asabiyyah라는 부족적 연대의식이었다. 혈연에 기반한 이 강력한 유대관계는 혹독한 사막 환경에서 생존하기 위한 필수 조건이었다. 부족장인 '샤이흐'Sheikh는 절대 권력자가 아니라 부족원들의 합의와 전통에 따라 통치하는 조정자였다. 이러한 합의제 전통은 오늘날 사우디 정치체제에서도 왕실과 주요 부족 간의 권력 분담 구조로 이어지고 있으며 기업들이 사우디에서 사업할 때 단독 결정보다 관련 이해관계자들의 합의를 중시하는 문화로 나타난다.

경제적으로는 유목 생활에 기반하면서도 메카 같은 주요 도시

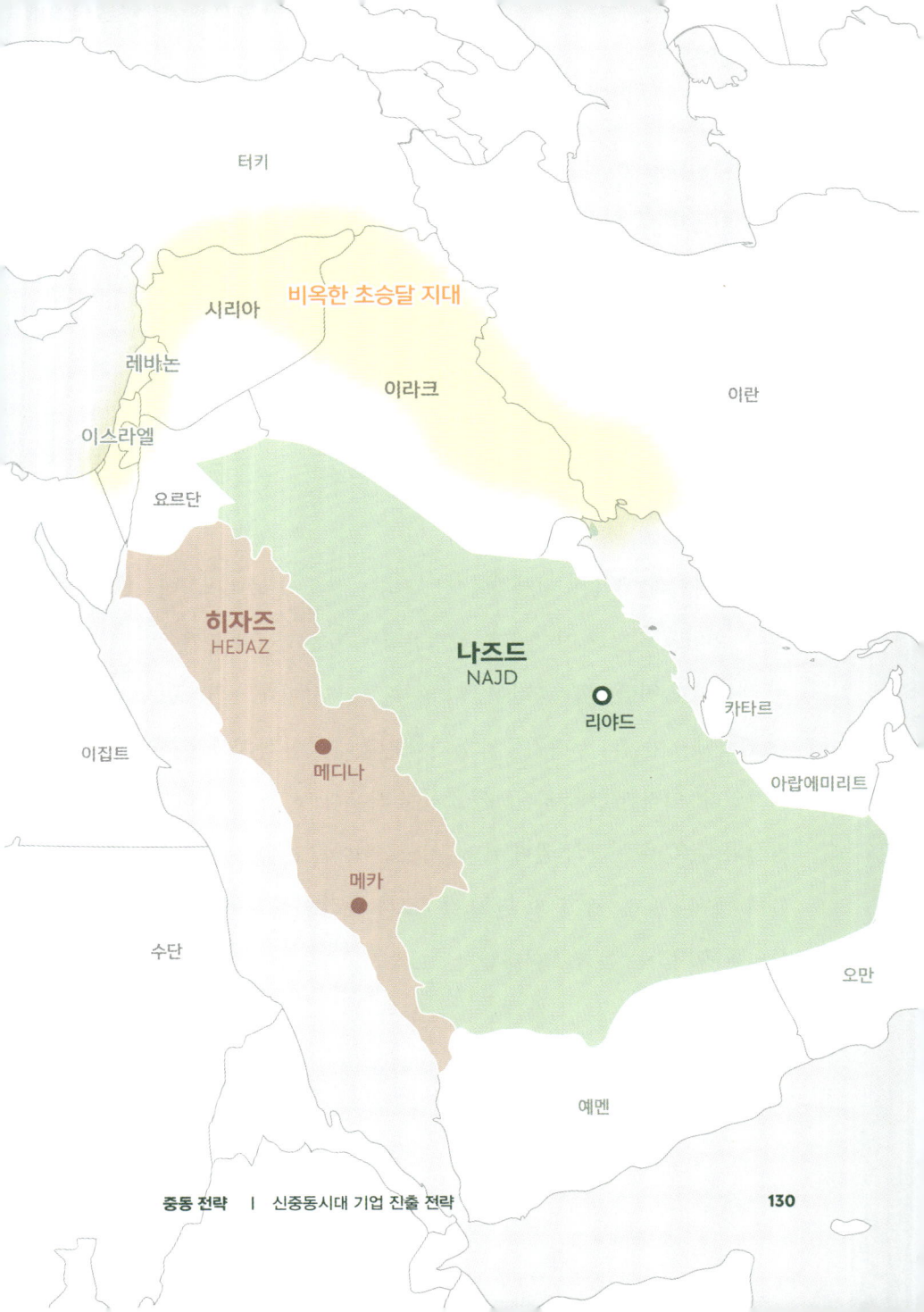

들은 국제무역의 중심지로 기능했다. 메카는 홍해와 페르시아만을 잇는 무역로의 요충지였을 뿐만 아니라 카바 신전을 중심으로 한 종교적 성지로 아라비아 전역에서 순례객들이 모여드는 경제적 허브였다. 연례 순례 기간인 하지^{Hajj} 동안에는 전쟁이 금지되는 신성한 달이 지정되었다. 이 기간에는 대규모 시장이 열리고 시 낭송 대회가 개최되는 등 활발한 문화적 교류가 이루어졌다. 종교와 상업의 이러한 결합은 오늘날에도 사우디 비즈니스 환경의 중요한 특징이다.

▌ 예언자 무함마드와 이슬람의 탄생

서기 570년경 메카에서 태어난 무함마드는 40세가 되던 610년 히라 동굴에서 첫 계시를 받으며 이슬람 예언자로서의 사명을 시작했다. 그의 메시지는 단순했지만 혁명적이었다. 우상 숭배를 거부하고 유일신 알라에게만 복종하라는 것이었다. 이는 기존 부족 중심 다신교 체제와 메카의 경제적 이익에 정면으로 도전하는 것이었다.

622년 무함마드와 그의 추종자들이 메디나로 이주한 '히즈라'Hijra는 단순한 피난이 아닌 새로운 사회 질서의 시작이었다. 메디나에서 무함마드는 종교 지도자를 넘어 정치 지도자로서 역할을 수행했다. '메디나 헌장'을 통해 무슬림, 유대인, 다양한 부족이 공존하는 최초의 이슬람 국가를 수립했다. 이는 혈연이 아닌 신앙에 기반한 새로운 공동체인 '움마'Ummah의 탄생을 의미했다.

이 새로운 공동체는 이전 부족 사회와 다른 혁신적 사회경제 체제를 도입했다. 특히 '자카트'Zakat 제도는 단순한 자선을 넘어 부의 재분배를 통한 사회 정의 실현의 메커니즘이었다.[33] 자카트는 아랍어로 '정화', '성장'을 뜻하며 부를 정화하고 공동체를 성장시키는 수단이라는 이중적 의미를 지닌다. 일정 수준 이상의 재산을 가진 무슬림은 매년 잉여 재산의 2.5%를 빈곤층, 고아, 여행객 등 도움이 필요한 사람들에게 의무적으로 기부해야 한다. 이는 부와 소득의 정의로운 분배를 통해 사회적 연대와 공동체 복지를 실현하려는 종교적 의무이자 사회 윤리였다. 현재도 사우디 기업들의 사회적 책임 Corporate Social Responsibility, CSR 활동의 종교적 기반이 되고 있다.

이슬람의 급속한 확장은 단순한 군사적 정복이 아니라 새로운 통치 이념과 사회체제의 전파 과정이었다. 무함마드 사후 정통 칼리파 시대가 시작되면서 이슬람 제국은 폭발적으로 확장되었다. 불과 30년 만에 아라비아반도를 넘어 시리아, 이집트, 페르시아, 북아프리카까지 정복하며 당시 세계 최대 제국 중 하나로 성장했다. 이슬람은 기존 체제보다 더 공정한 조세 제도, 종교적 관용, 법치주의를 제시했다. 특히 '딤미'Dhimmi 제도를 통해 기독교인과 유대교인에게 종교적 자유를 보장하면서도 국가체제에 통합시키는 혁신적 통치 모델을 구축했다.[34]

오늘날 사우디아라비아가 이슬람 세계에서 차지하는 특별한 위상은 바로 이러한 역사적 정통성에 기반한다. 두 성지의 수호자로서의 권위는 단순한 종교적 의미를 넘어 정치·경제적 영향력의 원천이 된다. 매년 수백만 명의 순례객이 방문하는 하지는 관광 수입원일 뿐만 아니라 이슬람 세계에서 사우디의 리더십을 재확인하는 정치적 이벤트다.

오스만 제국의 지배와 와하비 운동의 태동

2022년 사우디 왕실은 '건국의 날'Founding Day을 제정해 1727년을 제1차 사우디 국가의 건국 연도로 공식 선언했다. 이는 기존에 건국 기점으로 여겨졌던 1744년 와하브-사우드 가문 동맹보다 18년 앞선다. 이러한 역사 재해석은 사우디가 종교적 정체성보다 민족적·정치적 정체성을 강조하는 방향으로 전환하고 있음을 보여준다.

16세기부터 20세기 초까지 아라비아반도의 대부분은 오스만 제국의 지배 아래 있었다. 그러나 오스만의 통치는 주로 홍해 연안의 히자즈Hejaz지역과 동부의 알하사Al-Hasa 지역에 한정되었고 내륙의 광활한 나즈드Najd 지역은 사실상 독립적인 부족 연합체로 남아 있었다. 이러한 정치적 공백은 새로운 종교·정치운동이 태동하는 데 토양이 되었다.

18세기 중반 나즈드 지역에서 무함마드 이븐 압둘 와하브Muhammad ibn Abdul Wahhab라는 종교 개혁가가 등장했다. 그는 이슬람

이 우상 숭배와 미신적 관습들에 오염되었다고 주장하며 '살라프'Salaf 즉, 초기 무슬림 세대의 순수한 신앙으로 돌아갈 것을 역설했다. 와하비즘으로 알려진 그의 사상은 극도로 엄격한 일신교적 교리와 꾸란과 하디스의 문자적 해석을 강조했다.

1744년 '디르이야 협약'Diriyah pact은 종교적 권위와 정치적 권력의 결합을 명문화했다. 와하브 가문은 종교적 지도력을, 사우드 가문은 정치적 통치권을 담당하기로 합의했다. 이 독특한 이원적 권력 구조는 오랫동안 사우디 체제의 근간이 되었다.[35] 이는 정치와 종교의 분업이 아닌 협력 관계를 보여주며 오늘날까지도 왕실의 정당성을 뒷받침하는 핵심 메커니즘이다. 기업들이 사우디에서 사업할 때 종교적 고려사항을 무시할 수 없는 이유다.

제1차 사우디 국가는 와하비즘의 종교적 결정과 사우드 가문의 정치적 야망이 결합해 급속히 팽창했다. 나즈드 전역을 통일하고 1803년에는 메카와 메디나까지 점령했지만 1818년 오스만제국에 의해 멸망했다. 이후 리야드를 수도로 제2차 사우디 국가가 재건되었지만 19세기 후반 라시드Rashid 가문과의 권력 투

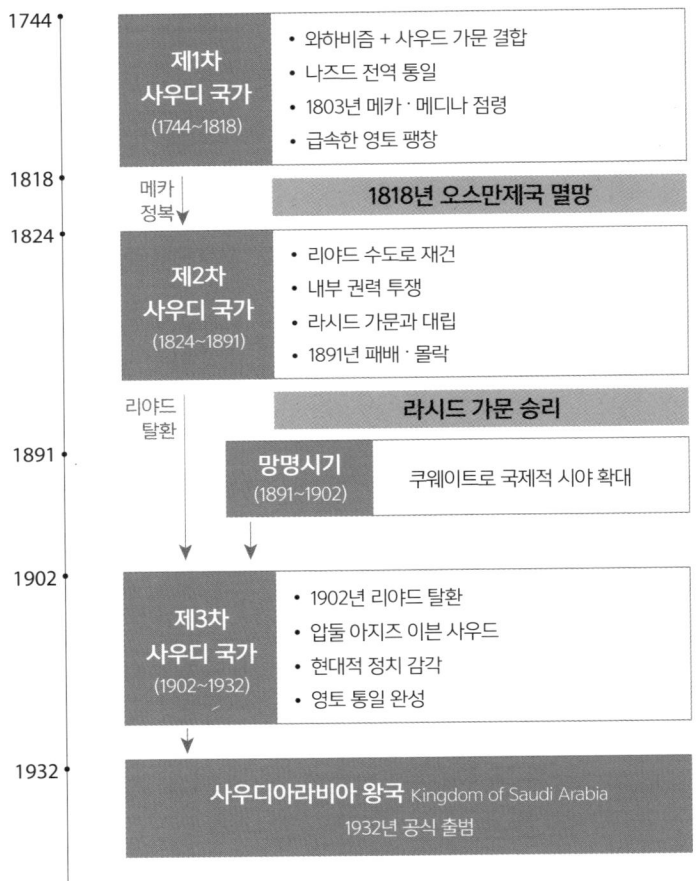

쟁에서 패해 다시 몰락했다.

  1891년 사우드 가문이 쿠웨이트로 망명한 시기는 오히려 젊은 압둘 아지즈 이븐 사우드가 현대적 정치 감각과 국제적 시야를 기를 기회가 되었다. 1902년 리야드를 탈환하면서 시작된 제3차 사우디 국가는 1932년 오늘날의 사우디아라비아 왕국으로 공식 출범했다.36)

  사우디 국가의 역사는 세 번의 건국과 두 번의 멸망을 거쳐 지금에 이르렀다. 시기마다 수도와 영토가 달랐고 이러한 역사적 경험은 오늘날 사우디의 정치적 안정성에 대한 집착과 영토 통합의 중요성을 설명한다.

  이러한 역사적 맥락을 이해하는 것은 오늘날 사우디에서 비즈니스를 수행하는 기업들에게 필수적이다. 왕실과 종교기관의 전통적 이원 구조는 여전하지만 2021년 무렵부터 사회적·경제적·정치적 변화와 함께 종교 성직자들의 영향력이 약해지면서 사우디는 '탈와하비 시대'에 진입한 것으로 평가된다.

기업들은 전통적인 부족 중심의 인맥 문화와 현대적 비즈니스 관행이 공존하는 환경에서 개인적 신뢰 관계인 '와스타'^{Wasta}와 공식적 계약의 균형을 맞추는 것이 중요하다. 또한, 이슬람 금융 시스템의 이자^{Riba} 금지 원칙, 자카트에 기반한 기업의 사회적 책임, 할랄 인증의 중요성 등은 비즈니스 환경의 핵심 요소로 남아 있다. 특히 자카트^{Zakat} 정신은 현대 사우디 기업들이 추구하는 사회공헌 활동과 지속가능 경영의 종교적 토대가 되고 있으며 외국 기업들도 이러한 가치관을 이해하고 존중하는 것이 현지 시장에서 신뢰를 쌓는 데 중요하다.

> **핵심 코칭 포인트**

사우디아라비아는 1727년 건국 이래 부족의 전통과 이슬람 가치를 바탕으로 발전해 왔으며 사우드 가문과 와하브 가문의 독특한 이원적 권력 구조가 국가체제의 근간이 되었다. 현재는 탈와하브 시대로 전환하며 종교적 영향력이 감소하고 있지만 기업들은 여전히 중요한 전통적 가치를 이해하고 존중해야 한다. 합의 중심의 의사결정 문화, 개인적 신뢰 관계(Wasta)의 중요성, 이슬람 금융 원칙과 자카트 정신에 기반한 사회적 책임 등이 비즈니스 수행의 핵심 고려사항이다.

이슬람의 중심지: 메카, 메디나, 그리고 이슬람 리더십

매년 180만 명이 넘는 무슬림들이 하얀 천 두 장만 걸치고 메카로 모여든다. 2025년 하지 순례에는 167만 명이 참여했는데 그중 90%가 해외에서 온 순례객이었다. 부자와 빈자, 왕과 평민 구분 없이 모두 같은 모습으로 카바 주위를 돌며 신 앞의 평등을 몸으로 실천했다.

이는 단순한 종교 의식을 넘어선다. 종교 관광은 사우디 경제에 연간 120억 달러의 수익을 창출하며 비석유 경제의 20%, 전체 GDP의 7%를 차지하는 거대한 산업이다.[37] 메카와 메디나 두 성지를 보유한 사우디는 전 세계 16억 명의 무슬림에게 막강한 영향력을 행사하며 비즈니스 환경에도 직접적인 영향을 미친다.

▌ 사우디의 종교적 기반: 와하비즘과 샤리아법

사우디아라비아의 가치체계는 와하비즘Wahhabism이라는 특수한 이슬람 해석에 깊은 뿌리를 내리고 있다. 18세기 무함마드 이븐 압둘 와하브가 창시한 와하비즘은 이슬람의 원초적 순수성 회복을 주장하는 엄격하고 보수적인 종파다. 사우드 왕가와의 정치적 동맹을 통해 국가 이념이 된 와하비즘은 태형, 손목 절단, 공개 처형 등 엄격한 형벌체계를 정당화한다. 종교 경찰 무타와Mutaween가 종교적 규범을 감독하며 시아파를 비롯한 다른 이슬람 종파를 이단으로 간주해 배척한다.

사우디 법률체계의 기반인 샤리아Shariah법은 꾸란과 하디스에 근거한 이슬람 법률체계로 비즈니스 계약부터 일상생활까지 모

든 영역에 영향을 미친다. 와하비즘은 샤리아법을 가장 엄격히 해석·적용하는 종파로 사우디에서 비즈니스를 운영하는 기업들에게 직접적인 영향을 미친다.

사우디는 막대한 석유 수익을 활용해 와하비즘을 세계적으로 확산시켜왔다. 아프리카, 동남아시아, 유럽 등에 이슬람 학교인 마드라사와 모스크 건설을 지원하고 성직자들을 파견해 와하비즘을 전파했다. 이러한 노력은 전 세계 이슬람 공동체에 사우디의 영향력을 확대하는 동시에 의도치 않은 결과를 낳기도 했다. 알카에다 창시자 오사마 빈 라덴 Osama bin Laden은 사우디 출신으로 와하비즘의 영향을 받았고 IS Islamic State도 와하비즘 해석을 자신들의 이념 정당화에 활용했다. 사우디 정부는 테러 단체와의 연관성을 공식 부인하며 와하비즘과 극단주의를 분리하기 위해 노력 중이지만 이념적 연관성에 대한 국제사회의 비난은 계속되고 있다.

와하비즘의 영향력을 이해하려면 이슬람 내부의 역사적 분열, 특히 수니파와 시아파의 갈등부터 이해해야 한다. 이 분열은 632년 예언자 무함마드 사후 후계자 문제에서 시작되었다. 수니파는 이슬람 공동체인 움마가 합의해 지도자를 선출해야 한다고 주장하며 무함마드의 친구이자 장인인 아부 바크르를 초대 칼리프 Caliph로 인정했다.

반면, 시아파는 무함마드의 혈통을 이은 알리 즉, 그의 사위이자 사촌만 정당한 후계자라고 주장했다. 680년 카르발라 전투에서 알리의 아들인 후세인이 순교하면서 시아파의 독자적 정체성이 확립되었다.

구분	수니파	시아파
주요 국가	사우디, 이집트, 터키, UAE	이란, 이라크 일부, 바레인
인구 비율	전체 무슬림의 85~90%	전체 무슬림의 10~15%
지도자의 개념	칼리프(선출된 지도자)	이맘(무함마드 혈통 후계자)
주요 인물	아부 바크르, 우마르, 우스만	알리, 후세인
종교적 권위	꾸란+하디스(예언자의 언행)	꾸란+이맘의 가르침
주요 행사	라마단, 하지(성지순례)	아슈라(후세인의 순교 기념)
학파	한발리, 샤피이, 말리키, 하나피	자파리 학파(12 이맘 시아파 기준), 이스마일파, 자이드파

이러한 종파적 차이는 현대 중동의 지정학적 구도를 형성하는 핵심 요소가 되었다. 사우디를 중심으로 한 수니파 진영과 이란을 중심으로 한 시아파 진영의 대립은 예멘 내전, 시리아와 이라크 내전, 레바논의 정치적 긴장 등 중동 전역의 분쟁으로 표출되고 있다.

▌순례 경제와 비즈니스 기회

메카와 메디나는 단순한 종교 도시를 넘어 막대한 경제적 가치를 창출하는 거점이다. 사우디 정부는 이 두 도시를 '하라마인'Haramain이라고 부르며 국왕의 공식 칭호에도 '두 성지의 수호자'를 포함시킨다. 이는 명예 칭호를 넘어 이슬람 세계에서 정치적 정당성을 확보하는 핵심 수단이다.[38]

하지는 이슬람의 5대 기둥 중 하나로 경제적·신체적으로 가능한 모든 무슬림이 일생에 한 번은 수행해야 하는 의무다. 하지 순례는 8단계의 복잡한 의식으로 구성된다. 순례자들은 이흐람

이라는 두 조각의 흰 천을 입고 카바 주위를 일곱 바퀴 도는 타와프를 시작으로 사파와 마르와 언덕을 오가는 사이, 아라파트 평원에서의 종일 기도, 무즈달리파에서의 숙박, 미나에서 악마에게 돌을 던지는 자마라트, 희생제인 이드 알아드하, 그리고 마지막 타와프까지 5~6일간의 여정을 거친다.

이러한 복잡한 의식은 메카뿐만 아니라 주변 여러 지역에서도 이루어지며 각 장소는 특별한 종교적 의미를 지닌다. 카바는 무슬림들이 기도하는 방향이며 아라파트 평원은 예언자 무함마드가 마지막 설교를 한 곳으로 하지에서 가장 중요한 기도가 이루어지는 장소다. 이러한 지리적 분산은 인프라 개발·관리에 막대한 투자를 필요로 하며 다양한 비즈니스 기회를 창출한다.

2024년 한 해에만 1,850만 명이 하지와 움라를 수행했는데 그중 1,692만 명이 움라 순례객이었다. 비전 2030에서는 연간 순례객 수를 3,000만 명까지 늘릴 계획이며 이를 위해 메카와 메디나의 인프라 확장에 1,000억 달러 이상을 투자하고 있다. 순례객들은 평균 2주 동안 체류하며 하지는 1인당 3,000~10,000

달러, 움라는 1,000~1,500달러를 지출한다.[39]

하라마인 고속철도는 2025년 한 해에만 200만 석을 추가했고 45분 안에 국제 움라 순례객의 70%를 제다-메카-메디나 구간에서 수송했다. 하지 기간 중 마샤이르 메트로는 시간당 72,000명의 순례객을 주요 성지 간에 이동시켰다. 누숙 플랫폼은 전자 비자 처리, 일정 관리, 비현금 결제 등을 제공하며 2025년 초 기준 1,200만 건 이상의 다운로드를 기록했다. 스마트 팔찌를 통한 순례객 추적 시스템, AI 기반 군중 관리 등 최첨단 기술이 도입되어 한국의 IT 기업들에게 중요한 진출 기회를 제공한다.

그러나 이러한 경제적 기회는 사우디 사회에 뿌리 깊은 복잡한 종파 갈등의 그림자 속에서 전개되고 있다. 정치와 경제의 표면 아래에는 시아파와 수니파 간 긴장, 지역 간 불균형, 종교적 정체성을 둘러싼 민감한 문제가 여전히 존재하며 이는 때때로 사업 환경에도 영향을 미친다.

사우디 내 시아파는 인구의 10~12%로 주로 석유 산업 중심지인 동부 지역에 집중되어 있다.[40] 카티프 Qatif 지역 인구의 대부분과 알아흐사 al-Ahasā 인구의 절반이 시아파다. 이들은 조직적인 차별을 받고 있으며 정부 고위직, 군부, 보안기관의 주요 직책에서 배제되어 있다. 동부 지역 300개 시아파 여학교 중 단 한 곳도 시아파 교장이 없다는 사실이 이를 단적으로 보여준다.

2023년 중국의 중재로 사우디와 이란이 외교 관계 정상화에 합의한 것은 중동 정세의 중요한 전환점이었다. 그러나 이는 전술적 화해에 가까웠고 근본적인 종파 갈등과 지역 패권 경쟁은 여전히 해결되지 않았다. 사우디는 미국의 압박 속에서 이스라엘과의 관계 정상화를 여전히 논의 중이며 이는 이란과의 관계에 새로운 변수가 되고 있다.

▌ 기업 운영의 실무적인 고려사항

사우디에서 기업이 성공하려면 이러한 복잡한 종교적·정치적 지형을 정확히 이해하고 실무에 반영해야 한다. 사우디의 일상적 비즈니스 운영은 종교적 의무의 영향을 크게 받는다. 하루 다섯 번의 기도와 라마단 같은 종교적 의무가 업무 일정과 생산성에 직접적인 영향을 미친다.

인력 관리에서는 종파적 균형이 중요하다. 동부 지역 사업장에서는 시아파 직원 비율이 높을 수밖에 없지만 관리직 임명이나 민감한 프로젝트에 배치할 때는 신중해야 한다. 공개적 차별은 불법이지만 현실적 긴장은 엄연히 존재한다. 이러한 긴장을 간과하면 사업 운영에 심각한 차질이 생길 수 있다.

지역별 사업 리스크도 차별적으로 관리해야 한다. 시아파 밀집 지역에서는 간헐적 시위나 사회적 불안정이 발생할 가능성이 있으므로 별도의 안전 대책과 비상 계획이 필요하다. 종파 갈등은 공급망에도 영향을 미친다. 이란과의 관계가 악화되면 페르시아만 해상 운송로의 안전이 위협받을 수 있으므로 대체 경로와 재고 관리 전략을 사전에 마련해야 한다.

현지 파트너 선정에서도 종파적 배경을 반드시 파악해야 한다. 특정 종파와 강하게 연계된 파트너는 다른 집단과의 비즈니스에서 장애가 될 수 있다. 마케팅과 커뮤니케이션 전략에서도 종파적 민감성을 세심히 고려해야 한다. 시아파의 아슈라 기간에는 축하 메시지를 자제하고 종파별 상징이나 용어 사용에 각별히 주의해야 한다. 라마단 기간에는 공개적으로 음식을 먹거나 마시는 것을 피해야 하며 이는 비무슬림 직원도 마찬가지다.

순례 경제의 기회를 활용하려면 수반되는 제약도 명확히 인지해야 한다. 메카는 비무슬림의 출입이 엄격히 금지되어 외국인 직원 파견이나 현장 관리에 근본적 제약이 있다. 2025년 6월부터 시행된 새 규정에 따라 모든 움라 서비스 제공업체는 관광부가 인증하는 호텔만 이용해야 해 운영비가 증가한다. 종교적 민감성 때문에 상업적 접근이 제한되고 정부의 강력한 규제가 모든 비즈니스 활동에 영향을 미친다.

사우디의 이슬람 리더십은 막대한 경제적 기회와 복잡한 정치적 제약을 동시에 내포하고 있다. 와하비즘이라는 엄격한 종교 해석, 시아파에 대한 체계적 차별, 지역 종파 갈등의 중심에

선 지정학적 위치는 모두 비즈니스 환경에 직접적인 영향을 미친다. 그러나 연간 120억 달러 규모의 순례 경제와 비전 2030의 혁신적 계획은 준비된 기업에게 절호의 기회를 제공한다. 성공의 열쇠는 이러한 복잡성을 정확히 이해하고 종교적 민감성을 존중하면서도 실용적인 비즈니스 전략을 수립하는 데 있다.

사우디의 이슬람 리더십과 종파적 복잡성을 이해했다면 이제 이러한 종교적 원칙이 실제 비즈니스 현장과 일상생활에서 어떻게 작동하는지 살펴볼 필요가 있다. 다음 장에서는 샤리아법이 계약서 작성부터 직원 관리까지 기업 운영의 모든 측면에 어떤 영향을 미치는지 구체적으로 다룬다.

> **핵심 코칭 포인트**

사우디의 이슬람 리더십은 와하비즘과 샤리아법이라는 엄격한 종교적 틀과 두 성지의 수호자라는 특별한 지위를 바탕으로 이슬람 세계에 막강한 영향력을 행사한다. 그러나 전체 이슬람의 10~15%를 차지하는 시아파와의 역사적 갈등, 극단주의와의 이념적 연관성 논란, 이란과의 지역 패권 경쟁이라는 구조적 한계를 안고 있다.

기업들은 연간 120억 달러 규모의 순례 경제와 3,000만 명이 목표인 비전 2030이 제공하는 기회를 추구하되 인력 관리부터 파트너 선정, 지역별 리스크 관리, 마케팅 전략까지 모든 비즈니스 의사결정에 종파적 민감성과 와하비즘의 엄격성을 반영해야 한다. 이는 단순한 문화적 이해를 넘어 사우디에서 비즈니스의 생존과 성장을 좌우하는 핵심 역량이다.

샤리아 기반 법체계와 일상생활

국제 석유회사의 한국인 임원이 리야드에서 수십억 달러 규모의 계약 체결식을 앞두고 있었다. 정오가 되자 사우디 파트너가 갑자기 자리에서 일어서더니 이렇게 말했다. "기도할 시간입니다. 30분 후에 다시 만납시다." 서구식 비즈니스 관행에 익숙한 한국 측은 당황했지만 이것이 바로 이슬람 율법인 샤리아가 지배하는 사우디의 일상이다.

샤리아의 근원과 사우디의 법적 정체성

사우디아라비아는 공식적으로 성문 헌법이 없는 나라다. 1992년 제정된 기본법 Basic Law 제1조에는 "사우디아라비아는 이슬람교를 종교로 하며 알라의 책(꾸란)과 그분의 사도(무함마드)의 순나를 헌법으로 삼는다."라고 명시하고 있다. 샤리아법은 사실 사우디 법체계의 근간으로 네 가지 원천에서 유래한다.

샤리아의 4대 원천

꾸란 (Quran)	하디스 (Hadith)	이즈마 (Ijma)	키야스 (Qiyas)
이슬람의 성전 (114개 장)	예언자 무함마드의 언행록	이슬람 학자들의 합의	유추에 의한 해석

사우디는 한발리 학파 Hanbali school 의 해석을 따르는데 이는 이슬람 세계에서도 가장 엄격하고 보수적인 법학 전통으로 평가받는다.[41] 사우디는 최근까지 다른 걸프협력회의 국가들과 달리 성문화되지 않은 이슬람법에 의존해왔다. 이는 이슬람 법학자 판사

인 카디에게 상당한 재량권을 부여하는 동시에 법적 예측 가능성을 저해하는 요인이었다.

민사와 상법 분야에서 가장 주목할 특징은 이자^{Riba} 금지다. 이자를 받거나 부과하는 것이 금지되는 대신 은행들은 파트너십, 서비스, 리스 모델로 운영된다. 외국 기업들은 일반적인 대출이나 채권 발행이 불가능하므로 무라바하, 이자라, 무샤라카 같은 이슬람 금융 구조를 활용해야 한다.[42]

가족법은 샤리아가 가장 상세히 규정하는 영역이다. 2022년 3월 8일 발표된 개인지위법은 700개 이상의 조항으로 구성되어 있으며 결혼, 이혼, 양육권, 상속 등을 규정한다. 상속법에서는 일반적으로 남성이 여성의 두 배를 상속받는데 이는 남성이 가족 부양 의무를 지기 때문이다.

이러한 체계 아래서 종교의 자유는 극도로 제한된다. 교회, 회당, 사원 등 비이슬람 종교 예배당 건축이 금지되며 십자가, 성상, 경전 등 종교적 상징물을 공개적으로 소지해도 처벌받는다.

비무슬림 외국인들은 사적인 종교 활동만 가능하며 공공장소에서 예배나 선교 활동을 하면 중대한 법 위반이다.

일상을 지배하는 종교적 의무

사우디에서 비즈니스를 하려면 이슬람의 시간 개념을 이해해야 한다. 하루 다섯 번의 기도는 절대적인 의무다. 새벽 Fajr, 파즈르,

정오 Dhuhr, 주흐르, 오후 Asr, 아스르, 일몰 Maghrib, 마그립, 밤 Isha, 이샤 기도 시간이 되면 모든 활동이 멈춘다. 각 기도는 준비와 실행을 포함해 20~30분가량 소요된다.

이슬람의 하루 다섯 번의 기도는 태양의 움직임에 따라 정해진다. 파즈르는 새벽 어스름이 시작될 때부터 해가 뜨기 전까지, 주흐르는 태양이 정점을 지나 서쪽으로 기울기 시작할 때, 아스르는 그림자가 일정한 길이 이상으로 길어질 때부터 해가 지기 전까지, 마그립은 해가 완전히 지는 순간부터 노을이 사라질 때까지, 이샤는 노을이 완전히 사라진 후부터 자정 또는 이른 새벽까지 이루어진다.

사우디아라비아의 일일 기도 시간은 지역과 날에 따라 조금씩 다르다. 이는 이슬람의 기도 시간이 고정된 시각이 아니라 태양의 움직임에 따라 결정되기 때문이다. 이슬람에서는 하루 다섯 번의 기도를 해가 뜨고 지는 시간, 정오의 태양의 위치, 해 질 녘과 해가 진 후의 시점에 맞춰 드리도록 규정하고 있다. 따라서 일출과 일몰 시간이 지역별로 다르고 계절에 따라 태양의 고도

이슬람의 기도 시간

파즈르 Fajr
새벽 어스름이 시작될 때부터 해가 뜨기 전까지 하루의 시작을 알리는 기도로 어둠에서 빛으로 넘어가는 순간에 정신과 마음을 정결히 가다듬는다는 의미를 담고 있다.

주흐르 Dhuhr
태양이 하늘의 정점에 도달한 후 서쪽으로 기울기 시작할 때부터 행하는 정오 기도다. 낮의 한가운데 드리는 이 기도는 바쁜 하루의 흐름 속에서도 하나님을 기억하는 시간을 제공한다.

아스르 Asr
오후에 드리는 기도로 사물이 드리우는 그림자가 일정한 길이 이상으로 길어질 때부터 해가 지기 전까지 행하는 기도다. 하루의 활동이 무르익는 시간에 자신을 돌아보며 경건함을 새롭게 하는 기도다.

마그립 Maghrib
해가 완전히 지는 순간부터 서쪽 하늘의 붉은 노을이 사라질 때까지 행한다. 낮이 밤으로 바뀔 때 행하는 이 기도는 하루의 끝자락에서 하는 짧지만 중요한 예배로 감사와 안식을 의미한다.

이샤 Isha
붉은 노을이 완전히 사라진 후부터 자정 또는 이른 새벽까지 이루어진다. 어둠이 깊어지는 시간에 드리는 이 기도는 하루를 마무리하며 자신을 성찰하고 평안을 구한다는 의미가 있다.

가 변함에 따라 기도 시간도 자연스럽게 달라진다.[43]

　사우디는 넓은 국토가 동서로 길게 뻗어 있어 리야드, 제다, 담맘 등 각 도시마다 일출과 일몰 시간이 다르다. 그에 따라 각 지역의 기도 시간도 다르게 설정된다. 서부의 제다는 동부의 다란보다 해가 늦게 지므로 저녁 기도 시간도 자연스럽게 늦어진다. 기도 시간은 날마다 조금씩 변하는데 이는 계절 변화에 따른 태양 위치의 변화 때문이다. 여름철에는 해가 일찍 뜨고 늦게 지므로 새벽 기도는 이른 시간에 시작되고 저녁 기도는 늦은 시간에 이루어진다. 반대로 겨울철에는 해가 늦게 뜨고 일찍 지므로 전반적인 기도 시간도 앞당겨진다.

　이처럼 사우디에서는 기도 시간이 정해진 시각이 아니라 매일 새로 계산되며 지역과 계절에 따라 달라진다. 무슬림들은 정확한 기도 시간을 확인하기 위해 현지 모스크의 알림, 이슬람 캘린더 앱, 정부의 공식 자료를 참고하며 하루 다섯 번의 기도를 지킨다.

이러한 종교적 의무가 비즈니스에 미치는 영향은 구체적이고 실질적이다. 기도 시간에 회의가 중단되는 것은 일상적이므로 이를 고려하지 않고 일정을 계획하면 낭패를 보기 쉽다. 최근에는 기업들이 하루 다섯 번의 기도 시간 동안 문을 강제로 닫지는 않으며 온라인 거래는 기도 시간 중에도 가능하다.

  특히 라마단과 금요일 예배는 이슬람 신앙에서 매우 중요한 종교적 실천으로 각각 신앙의 깊이를 다지고 공동체적 연대를 확인하는 데 중추적 역할을 한다. 라마단은 이슬람력 아홉 번째 달인 금식의 달로 무슬림들은 이 기간에는 해가 뜨기 전부터 해가 질 때까지 음식을 먹지 않고 물도 마시지 않으며 육체적 욕망을 절제하고 말과 행동을 조심한다. 이 금식은 단순한 절식이 아니라 자신을 정화하고 알라의 뜻에 복종하며 가난한 이들의 고통을 몸소 체험하고 공감하는 영적 훈련이다.

  라마단은 무함마드에게 알라의 계시가 처음 내려졌다고 전해지는 신성한 시기로 여겨진다. 무슬림들은 이 한 달 동안 꾸란을 낭독하고 자선을 베풀고 이웃과 함께 나누는 삶을 실천하기 위해 노력한다. 매일 해가 진 후 가족과 이웃이 함께 모여 음식을 나누는 이프타르는 공동체적 결속을 다지는 시간이며 라마단이 끝난 후 열리는 이드 알피트르 축제는 경건한 삶의 결실을 기쁜 마음으로 기념하는 자리다.

한편, 금요일 예배는 무슬림에게 일주일 중 가장 신성한 날에 드리는 집단 예배로 정오 무렵 모스크에 함께 모여 기도하고 설교를 듣는 형식으로 이루어진다. 금요일에 알라께 기도하면 특별히 응답받는다고 믿으며 무슬림은 이날 몸과 옷을 정결히 하고 경건한 마음으로 예배에 참여한다. 금요일 예배는 종교적 의무를 넘어 공동체가 함께 모여 신앙을 되새기고 사회적 가치를 공유하는 중요한 시간이다. 설교를 통해 교훈과 도덕적·사회적 메시지가 전해지고 무슬림 사회 안에서 정보를 공유하며 연대감이 형성된다.

과거 수십 년 동안 '미덕 촉진과 악행 금지 위원회'The Committee for the Promotion of Virtue and the Prevention of Vice, CPVPV라는 이름으로 종교 경찰인 무타와Muttawa가 공공장소에서의 기도 강제, 복장 점검, 남녀 접

촉 단속 등을 했다. 이는 도덕 감시를 넘어 개인의 신앙생활과 표현의 자유를 제약했다. 종교의 자유와 연결된 표현의 자유도 엄격히 제한되었다. 이슬람을 비판하거나 신성모독 발언을 하면 형사 처벌되었고 개종 권유나 선교 활동을 하면 징역형을 받거나 추방되었다. 특히 공공장소에서 무신론을 주장하거나 신앙과 무관한 주장을 하면 '극단주의자'로 몰릴 수도 있었다.

동부 지역인 카티프, 알아흐사 등에 밀집한 시아파는 종교적·사회적 차별을 받았다. 2016년 시아파 성직자 셰이크 니므르 알 니므르 Nimr al-Nimr의 처형은 국제적 비난을 받았다.

▌ 변화하는 사우디의 현실

무함마드 빈 살만 왕세자의 비전 2030 아래 사우디의 급변은 국제사회의 지속적 압박과 관련이 있다. 미국 국제종교자유위원회 U.S Commission on International Religious Freedom, USCIRF는 사우디를 매년 특별우려국으로 지정하고 유엔 인권이사회도 미흡한 종교적 자유

를 지적해왔다.[44]

2016년부터는 무타와의 시민 체포·구금 권한이 사라지고 단순 권고만 가능해졌다. 공포의 대상이던 종교경찰이 몰락하면서 사회 분위기도 크게 변했다. 남녀 분리용 칸막이가 의무였던 카페와 레스토랑에서 이제는 남녀가 함께 앉을 수 있게 되었다.

정부는 '종교 간 관용'을 비전 2030의 부속 주제로 다루고 일부 국제회의에서 종교 간 공존을 주제로 한 행사를 개최하는 등 제한적 변화를 꾀하고 있다. 그러나 이러한 변화는 상징적·외교적 차원의 조치로 평가받고 있으며 국내 법제도의 본질적 변화는 여전히 부족한 현실이다.

그럼에도 여성 지위의 변화는 특별히 주목할 만하다. 이러한 변화는 여성의 사회 참여 확대와 법적·제도적 권리 증진을 중심으로 이루어졌으며 무함마드 빈 살만 왕세자가 추진한 비전 2030의 개혁 정책으로 가속화되었다.

전통적으로 사우디 여성은 엄격한 남성 후견인 제도 아래서 생활의 많은 영역에서 제약을 받았다. 여권 발급, 여행, 취업, 결혼 등 주요 결정에 아버지, 남편, 형제, 심지어 아들 등 남성 보호자의 동의가 필요했다. 공공장소에서의 이동이나 복장 규제도 매우 엄격했고 운전은 아예 허용되지도 않았다. 그러나 최근 이러한 제도와 관행에 근본적 변화가 일어났다.

2018년 여성 운전의 허용은 상징적 전환점이 되었고 여성의 독립성과 경제활동 참여를 가능케 한 실질적 조치였다. 이어서 남성 후견인 동의 없이도 여권을 발급받아 해외여행을 하고 공공기관과 민간기업에 자유롭게 취업할 수 있게 되면서 여성의 사회 진출이 눈에 띄게 증가했다. 경찰관, 변호사, 스포츠 해설가뿐만 아니라 시의회 의원, 기업 임원 등 지도층 위치에도 오르면서 전통적으로 남성 중심이던 직종에서도 여성이 늘었다.[45]

또한, 영화관 개관, 여성 관객의 경기장 출입 허용, 패션산업 활성화 등 문화·여가 분야에서도 여성의 진출이 늘고 있다. 남녀 혼용 환경에서의 활동도 점점 허용되고 있다. 이러한 변화는 사우디 정부가 경제 다변화를 추진하고 국제사회에서 개방성과 현대화를 강조하는 전략이다. 그러나 여성 지위의 향상이 모든 계층에 고르게 적용된 것은 아니며 보수적 종교 관념이나 지역사회의 저항이 여전히 남아 있다. 특히 농촌이나 보수적 부족 사회에서는 여성의 사회활동이나 단독 이동을 여전히 부정적으로 바라보고 있다.

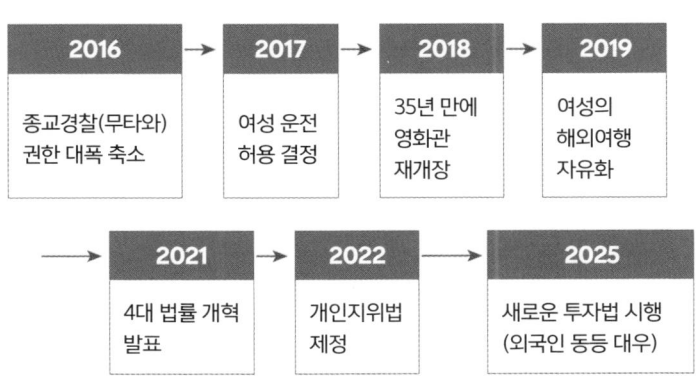

사우디의 주요 사회 개혁 조치 타임라인

요약하면 사우디 여성은 과거 법적·사회적 제약을 받았지만 최근 제도적 장벽이 빠르게 허물어지면서 더 자율적이고 적극적인 사회 구성원이 되어가고 있다. 이는 여성 개인의 권리 회복뿐만 아니라 국가가 경제·사회 전반의 역량을 확대하려는 의지를 보여준다.

비즈니스 환경도 근본적으로 변했다. 2025년 2월부터 시행된 신설 투자법은 외국인과 내국인 투자자를 동등하게 대우한다. 엔터테인먼트 산업이 개방되어 국제 콘서트와 스포츠 이벤트가 정기적으로 열리며 네옴 같은 미래 도시 프로젝트가 진행 중인 것이다.[46]

▎기업이 알아야 할 실무 지침

이러한 변화에도 불구하고 샤리아는 여전히 사우디 법체계의 근간이며 종교적 정체성은 국가 운영의 핵심이다. 따라서 기업들은 전통과 현대성 사이에서 균형점을 찾아야 한다.

계약서를 작성할 때는 '비스밀라'Bismillah로 시작하는 것이 관례다. 비스밀라는 '알라의 이름으로'라는 뜻으로 이슬람 문화권에서 중요한 일을 시작할 때 사용하는 관용구다. 계약서에는 이자 조항 대신 이슬람의 금융 구조를 명시해야 하며 불가항력 조항에는 보통 '신의 뜻'을 포함시킨다. 분쟁 해결 시 샤리아 준수를 명시하면 현지 법원의 판결에서 유리할 수 있다.

인사 관리에서는 기도 시간과 종교 휴일을 근무 규정에 명시하며 라마단 기간 중 근무 시간 단축은 법적 의무다. 남녀 직원 분리는 점점 사라지고 있지만 보수적인 지역에서는 여전히 유지되고 있다. 라마단 기간에는 비무슬림 직원도 공개적으로 먹고 마시는 것을 삼가야 한다.

리스크 관리를 위해서는 현지 법률 자문이 필수적이다. 샤리아는 해석이 유연하므로 같은 상황에서도 판사에 따라 판결이 다를 수 있다. 정기적으로 직원들에게 문화 이해 교육을 실시하고 이슬람 금융 전문가를 프로젝트에 참여시키고 정부의 정책 변화를 지속적으로 모니터링해야 한다.

사우디아라비아는 지금 역사적 전환점에 서 있다. 비전 2030

을 통해 현대적이고 다각화된 경제를 구축하면서도 이슬람의 가치와 전통을 유지하려는 노력이 계속되고 있다. 종교는 여전히 국가 정체성의 핵심이자 정치적 통제 도구이지만 글로벌화와 경제 개방의 물결 속에서 다양한 인식이 생겨나고 있다.

이러한 변화는 준비된 기업에게 전례 없는 기회를 제공하므로 섬세한 균형 감각이 필요하다. 성공의 열쇠는 변화의 본질을 이해하고 샤리아의 기본 정신과 종교적 정체성을 존중하면서 새로운 비즈니스 환경에 유연하게 적응하는 것이다.

> **핵심 코칭 포인트**

사우디에서 비즈니스하면서 성공하려면 샤리아를 장애물이 아닌 비즈니스 구조로 받아들이고 종교적 정체성을 존중해야 한다. 계약서는 이슬람의 금융 원칙을 반영하고 기도 시간을 고려한 일정 관리가 필수적이며 종교적 민감성을 고려한 인사 관리가 중요하다. 급변하는 법적 환경 속에서도 이슬람의 기본 가치와 종교적 제약은 여전하므로 문화적 민감성을 유지하면서 새로운 기회를 포착하는 전략적 접근이 필요하다. 특히 메카와 메디나 같은 성지 근처에서 시도하는 비즈니스는 더 신중해야 하고 비무슬림 직원의 종교 활동은 철저히 사적 영역에서만 이루어져야 한다.

종교적 자유의 제한과
기업의 사회적 책임

 2025년 2월 한 글로벌 IT 기업의 인도 출신 엔지니어가 리야드 공항에서 억류되었다. 그의 가방 안에서 작은 힌두교 신상이 발견되었기 때문이다.[47] 개인 소지품이었지만 비이슬람 종교의 상징물 반입은 여전히 금지되어 있었다. 이 사건은 그 기업이 진행 중이던 대규모 프로젝트를 위기에 빠뜨렸고 엘리트 인재들이 사우디 파견을 꺼리게 만들었다. 이는 사우디에서 활동하는 다국적 기업들이 직면하는 현실적 과제의 한 단면이다.

▎국가 종교체제의 딜레마

사우디아라비아는 2025년 현재까지 미국 극제종교자유위원회 USCIRF로부터 21년 연속 '특별우려국'으로 지정되어 있다.[48] 이슬람 이외 종교 활동은 엄격히 금지되며 교회, 회당, 사원 등 비이슬람 종교 시설의 건축은 불가능하다. 심지어 메카로 향하는 고속도로에서는 종교경찰이 비무슬림을 다른 길로 우회시키거나 벌금을 부과한다.

이러한 제약은 단순한 법적 규제를 넘어 기업 운영에 실질적 장애가 된다. 외국인 노동자들은 사적으로만 종교 활동이 가능하다는 안내를 받지만 실제로는 비수니파와 비무슬림이 종교적 이유로 체포되어 유죄 판결을 받는 경우가 허다하다. 전체 인구의 1/3 이상인 외국인 노동자의 상당수가 기독교, 불교, 힌두교, 시크교 신자임을 감안하면 이는 심각한 인권 침해 문제이며 기업의 인력 관리에도 직접적인 영향을 미친다.

특히 전체 시민의 10~15%를 차지하는 시아파 무슬림은 체계적인 차별과 종교적 탄압을 받고 있다. 정부가 시아파 종교 구조물을 철거하고 공동체의 종교 행사를 제한하는 사례가 2025년 현재도 계속되고 있다. 기업들이 동부 지역에서 사업할 때 이러한 종파 간 갈등은 반드시 고려해야 할 중요한 리스크다.

▎ESG 압박과 평판 리스크의 현실화

중동 지역 기업들은 ESG 전 영역에서 세계 평균보다 낮은 점수를 받고 있다. 이는 종교적 다양성을 인정하지 않고 표현의 자유를 제한하는 사회 구조가 ESG의 사회 Social 부문 평가에 부정적 영향을 미치기 때문이다.[49] 카슈끄지 암살 사건, 여성 인권활동가 탄압, 언론 통제 등 반복적인 인권 침해 사례는 사우디와 협력하는 기업에게 지속적인 평판 리스크로 작용한다.

글로벌 기업들의 고민은 더 복잡해지고 있다. 연간 3,500억 달러에 달하는 사우디 시장과 네옴 같은 거대 프로젝트의 기회는 포기할 수 없다. 그러나 종교적 자유를 억압하고 인권을 침해하는 국가와 협력하는 것이 기업 이미지에 미치는 부정적 영향도 우려하지 않을 수 없다. 실제로 일부 기업들은 네옴 프로젝트 참여를 사실상 강요받으면서도 이로 인해 서구 시장에서 '비윤리적 기업'이라는 비판과 불매운동의 표적이 되는 이중고를 겪고 있다.

미국과 유럽의 기관투자자들은 ESG 지표를 기준으로 투자 계획을 재편 중이며 사우디에서의 활동이 그 기준에 미달하면 실제로 투자를 중단하고 있다. 2023년 한 조사에 따르면 사우디의 문화적·사회적 규범이 성 평등과 환경의 지속가능성 같은 특정 ESG 원칙과 일치하지 않는다는 점이 해결해야 할 과제로 지적되었다.[50] 이는 외국 기업에게도 동일한 문제다. 본사의 다양성과 포용성 정책을 사우디 현지에서 일관되게 적용하기 어려운 현실이 긴장이 지속되는 이유다.

▎기업의 전략적 균형 잡기

이러한 도전에도 불구하고 사우디 시장의 전략적 중요성은 부인할 수 없다. 2024년부터 시행된 규정에 따라 사우디 정부와 거래하려는 외국계 기업들은 사우디에 지역본부를 설치해야 한다. 이는 기업들이 종교적 제약이 있는 환경에 더 깊이 관여하도록 강제하는 조치다. 동시에 사우디는 2034년 월드컵 개최를 비롯해 엑스포 2030, 포뮬러원 그랑프리 등 세계적 이벤트를 유치하며 개방성을 어필하고 있다.

성공적인 기업들은 원칙과 실용주의 사이에서 섬세한 균형점을 찾아가고 있다. 이들은 정부와의 협력과 시장 확장의 기회를 추구하는 동시에 인권과 사회적 책임 문제에 대한 원칙적 입장을 유지하기 위해 노력한다. CSR 활동, 사회공헌 프로그램, 투명한 정보 공개는 이제 단순한 부수적 활동이 아니라 핵심 리스크 완화 전략이 되었다. 교육, 청년 고용, 여성 역량 강화 등 사우디 정부가 추진하는 개혁 프로그램에 적극 참여함으로써 종교적 제약으로 인한 부정적 이미지를 상쇄하려는 노력이 대표적이다.

직원 복지와 현지 법규 준수 사이의 균형도 중요한 과제다. 비무슬림 직원들이 사용할 사적 공간을 마련하되 공개적 종교 활동은 엄격히 제한한다. 일부 기업들은 주재원들이 주말마다 바레인이나 UAE로 나가 종교 활동을 할 수 있도록 지원하는 창의적 해결책을 마련하기도 한다. 이러한 '안보친화적 경영 전략'은 단기적인 수익 창출이 아닌 정치·사회·문화적 복합 리스크를 내재한 전략적 진출로 사우디 시장을 관리하는 방법이다.

▌새로운 차원의 리스크 관리

종교적 자유의 제한은 종종 예상치 못한 방식으로 비즈니스 리스크를 만들어낸다. 예를 들어, 아랍연맹의 이스라엘 보이콧과 관련된 조항들이 계약서나 입찰 문서에 포함된 경우가 있다. 이는 미국 기업들이 자국의 반보이콧법을 위반할 소지가 있어 실제로 이러한 조항에 서명하거나 이행할 경우, 미국 내에서 처벌받을 위험이 있다. 또한, 마케팅 캠페인이나 홍보 활동에서 종교적 민감성을 충분히 고려하지 않으면 현지의 반발을 부를 수 있고

심하면 사업 철수 압력으로 이어질 수도 있다. 이처럼 종교적 요소는 단순한 문화적 차원을 넘어 실질적인 경영 리스크가 된다.

장기적 관점에서는 단순한 시장 진입을 넘어 사우디의 변화 과정에 동참하며 성장하는 전략이 필요하다. 이는 단기적인 이익을 넘어 신뢰를 바탕으로 관계를 구축하고 정책이나 사회 환경 변화 속에서도 사업을 안정적으로 이끌어갈 기반이 된다. 예를 들어, 사우디 정부는 와하비즘의 영향력을 의도적으로 줄이고 있는데 이는 1744년 이후 사우디 정치를 정당화해온 와하비 정치적 영향력과의 급진적 단절을 의미한다는 분석까지 나오고 있다.[51] 종교적 자유의 완전한 보장까지는 갈 길이 멀지만 이러한 변화는 장기적으로 더 개방적인 비즈니스 환경으로 이어질 수 있다.

일부 기업들은 이슬람 금융과 ESG 투자가 배경은 다르지만 공통적인 원칙이 있다는 점에 주목한다. 이슬람 금융은 술, 담배, 도박, 무기, 고리대금 같은 비윤리적이고 사회적 해악으로 여겨지는 산업에 대한 투자를 금한다. ESG 투자도 환경을 파괴

하거나 노동자의 인권을 침해하는 기업에는 자금을 배분하지 않는 방식으로 '피해를 주지 않는 투자'를 지향한다. 이러한 유사성 덕분에 두 기준을 모두 충족시키는 상품이나 프로젝트는 중동과 글로벌 투자자 양쪽에서 주목받을 수 있다.

최근에는 샤리아 원칙을 따르는 이슬람 채권Sukuk이나 자선 기부 기반 펀드Waqf 같은 금융상품을 통해 ESG 투자자들의 관심을 끌려는 시도가 늘고 있다.[52] 이슬람 금융이 추구하는 윤리성과 ESG가 중시하는 지속가능성이 일부 겹치는 만큼 두 기준을 아우르는 투자 구조를 만들려는 움직임이 확산되고 있다.

그러나 이러한 시도가 성공하려면 양쪽 방법의 차이를 명확히 이해해야 한다. 이슬람 금융은 명확한 종교적 원칙과 금지 조항에 따라 사전에 정해진 기준을 지키는 반면, ESG는 투자자와 기업이 지속적으로 대화하고 개선해 나가는 '관여 중심'으로 지속가능성을 높이는 데 의미를 둔다. 따라서 두 시스템이 지향하는 방식과 실행 논리가 다를 수 있다는 점도 인지해야 한다.

결국 사우디에서의 종교적 자유에 대한 제한은 기업에게 단순한 운영상 제약을 넘어 글로벌 비즈니스를 시험한다. 사우디는 안정성과 불확실성이 공존하는 복합 시장이며 이를 성공적으로 극복하는 기업은 다른 가치관 사이에서 균형점을 찾으며 장기적으로는 사회 변화의 촉매제 역할을 할 수 있을 것이다. 중요한 것은 현재의 제약을 인정하면서도 미래의 가능성을 포기하지 않는 전략적 인내심이다. 현지 파트너와의 긴밀한 관계, 민감한 문제에 대한 신중한 대처, 장기적 관계 구축 능력이 기업 경영의 성패를 결정한다.

> **핵심 코칭 포인트**

사우디의 종교적 자유에 대한 제한은 기업에게 ESG 평가 하락, 인재 유치의 어려움, 브랜드 리스크라는 삼중고를 안긴다. 특히 인권 침해 문제에 연루되면 투자 철회와 불매운동으로 이어질 수 있다. 성공을 거두는 기업들은 정치적 중립성을 유지하면서도 CSR 활동을 리스크 완화 전략으로 활용한다. '안보친화적 경영 전략'을 통해 단기적 수익 추구가 아닌 장기적 관계 구축에 집중하며 본사의 글로벌 정책과 현지의 현실 사이에서 균형점을 찾아간다. 사우디의 점진적 개방을 지원하는 파트너로 자리매김해 지속적인 성장 기반을 구축하고 있다.

PART 4

사회문화적 코드와 변화

가족과 부족 중심 문화: 관계의 중요성

 한국 기업들이 아무리 우수한 기술력과 경쟁력 있는 가격을 제시해도 사우디에서 번번이 실패하는 이유는 무엇일까? 답은 의외로 간단하다. 사우디에서는 '무엇을 아느냐'보다 '누구를 아느냐'가 훨씬 중요하기 때문이다.

 사회·문화적 배경 학습이 필요한 이유는 첫째, 현지의 사회·문화적 차이를 극복하기 위해서이고 둘째, 기업이 현지 문화에 적응하기 위해서다. 문화의 본질은 현지에서 통용되는 관습, 색에 대한 선호, 언어에 담긴 의미와 전달 방식 등 매우 다양하다. 이렇게 서로 다른 사회문화는 직접 경험하지 않으면 체득할 수 없다. 문제는 현지 적응 노력과 학습 부재에서 발생한다. 자문화 중심적 사고로 해외에서 기업 활동을 하면 현지 국가와 문화적 충돌이 발생한다. 이러한 문화적 충돌은 현지 소비자와의 우호적 관계 형성을 저해하고 결국 기업의 수익에 부정적 영향을 미친다.

사우디아라비아의 사회·문화적 환경은 전통적 이슬람 가치와 현대화가 공존하는 독특한 구조다. 사우디 사회는 이슬람 율법인 샤리아를 중심으로 형성되어 있으며 개인과 공동체의 삶 전반에 종교가 깊이 뿌리내려 있다. 특히 '이슬람의 다섯 기둥'Five Pillars of Islam은 일상생활의 중요한 지침이다. 이는 단순한 종교적 의무를 넘어 비즈니스 일정과 의사결정 과정에도 직접적인 영향을 미친다. 하루 다섯 번의 기도 시간에는 모든 상업 활동이 중단되며 라마단 기간에는 업무 시간이 대폭 단축된다.

직업관이나 일에 대한 태도와 관련된 가치체계는 기업 경영

활동에 지대한 영향을 미친다. 사우디는 시간에 대한 관념이 서구와 다르다. "인샬라"Inshallah, 신의 뜻대로라는 표현에서 알 수 있듯이 미래에 대한 확정적 약속보다 신의 의지에 따른다는 유연한 태도를 보인다. 서구적 관점에서는 비즈니스 일정과 프로젝트 진행이 느리고 느슨해 보이지만 현지 관점에서는 자연스러운 문화적 특성이다.

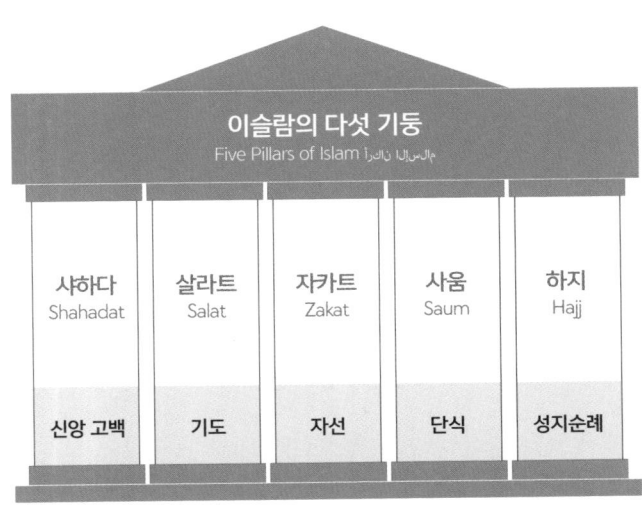

▍사우디의 가족과 부족 중심 가치체계

사우디 사회를 이해하려면 '가족'과 '부족' 두 단어를 반드시 짚고 넘어가야 한다. 현대화와 도시화, 석유산업 부흥이라는 변화 속에서도 이 두 요소는 사우디인의 일상과 가치관에 깊이 연관되어 있다.[53] 기업, 정부, 종교가 이 사회를 움직이는 핵심처럼 외국인에게 보일 수 있지만 그 이면에는 여전히 혈연과 부족 공동체라는 전통적 유대가 견고히 자리 잡고 있다.

사우디에서는 핵가족보다 대가족Extended Family 중심으로, 부모, 자녀, 조부모, 삼촌, 고모, 사촌까지 한 가족으로 여긴다. 이는 단순한 정서적 유대를 넘어 사회적·경제적 기능으로 이어진다. 예를 들어, 한 청년이 대학을 졸업하고 취업 준비를 할 때 가장 먼저 의지하는 것은 가족과 친족이다. 누가 어떤 회사에 영향력이 있는지, 어느 삼촌이 공기업에 인맥이 있는지, 친척 중 누가 고위 공무원과 친분이 있는지에 따라 인생의 방향이 달라진다.

가족보다 넓은 단위인 부족Qabila은 사우디인의 정체성과 소속

감을 결정짓는다. 현대 도시인들도 자신이 어느 부족 출신인지 분명히 알고 있으며 명함을 주거나 자기소개를 할 때 부족 이름을 자랑스럽게 밝힌다. 사우디의 수많은 베두인 부족은 광활한 사막과 험한 지형 속에서 자원을 공유하며 오랜 세월 생존해왔다. 부족은 단순한 혈연 집단이 아니라 공동체의 법과 질서, 분쟁 해결, 결혼과 동맹까지 책임지는 자치 단위였다.

현대 국가 수립 이후에도 부족의 영향력은 사라지지 않았다. 국가방위군이 전통적인 부족 기반 병력으로 구성된 것은 부족이 단순한 사회 조직을 넘어 국가 권력 구조의 일부임을 보여준다. 왕족도 사우드 가문이라는 거대한 부족 조직이며 정부의 주요 요직과 기업 경영진은 특정 부족 출신이 대부분이다. 대표적으로 사우디 왕가인 알사우드 가문은 나즈드 지역의 강력한 부족을 기반으로 성장했다.

이러한 부족 중심 문화는 비즈니스에 직접적인 영향을 미친다. 사업 파트너를 선정할 때 계약 조건이나 기술력보다 상대방의 가문과 부족 배경부터 확인하는 것이 일반적이다. 신뢰할 수 있는 부족 출신인지, 과거에 그 가문과 어떤 관계였는지가 중요한 기준이다. 서구적 관점에서는 비합리적으로 보이지만 사우디 사회에서는 매우 합리적인 리스크 관리 방식이다.

▎와스타 시스템과 비즈니스 관계의 구축

이러한 가족중심적 네트워크는 사우디 사회의 '와스타'라는 인맥과 연줄 문화와 깊이 연결되어 있다. 와스타를 이용한다는 것은 누군가의 도움을 받아 일자리를 구하거나 문제를 해결한다는 의미로 사우디 사회에 널리 퍼진 관습이다.[54] 이 시스템은 외부인에게 불공정하게 보일 수 있지만 사우디인에게는 신뢰와 충성, 책임에 기반해 서로 의무를 지는 네트워크다.

최근 연구에 따르면 와스타는 호혜성 Mojamala, 공감 Ha-mola, 신뢰 Somah 세 가지 요소로 구성된다. 이는 개인이 가진 사회적 자본, 영향력, 중재 능력을 모두 포괄하는 개념으로 개인의 능력만큼 중요한 자산이다. 와스타가 작동하는 핵심 원칙은 호혜성이다.

누군가의 도움을 받으면 언젠가는 반드시 갚아야 한다. 이렇게 서로 의무를 지는 네트워크가 복잡하게 얽혀 사회 전체를 움직이는 보이지 않는 힘이 된다.

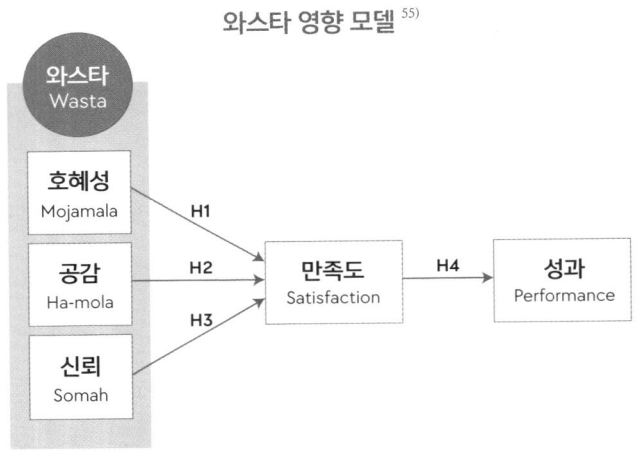

와스타 영향 모델 [55]

비즈니스 관점에서 와스타는 정부의 승인이나 허가를 신속히 처리해준다. 분쟁이나 갈등이 생겼을 때 법보다 효과적으로 해결해주고 새로운 사업 기회나 정보에 접근할 수 있게 하며 위기 상황에서는 보호막 역할도 한다. 중요한 것은 와스타가 단순한 부정부패나 연고주의와 다르다는 점이다. 이는 신뢰에 기반한 사회적 안전망이며 불확실한 환경에서 거래 비용을 줄여준다.

한국 기업들이 사우디에서 성공하려면 단순한 비즈니스 역량을 넘어 현지 문화를 이해하고 적응할 수 있는 문화적 지능 Cultural Intelligence이 필수적이다. 장기적 관점의 관계 구축이 무엇보다 중요하다. 사우디 비즈니스맨들은 거래하기 전에 상대방을 개인적으로 알고 싶어 한다. 처음 만난 자리에서 계약을 논의하는 것은 금물이다. 최소한 서너 번은 사교적으로 만나 개인적 신뢰를 쌓은 후에야 비즈니스 논의를 본격적으로 시작할 수 있다.

현지 스폰서를 신중히 선정하는 것도 매우 중요하다. 사우디에서는 여전히 많은 사업 분야에서 현지 스폰서 참여가 법적으로 요구된다. 단순히 법적 요건을 충족시키는 명목상 스폰서가 아니라 실질적인 와스타를 가진 파트너를 찾아야 한다. 스폰서의 부족 배경, 정부 내 영향력, 업계 내 평판을 면밀히 검토해야 한다.

지금 사우디는 전례 없는 변화의 물결 속에 있다. 빈 살만 왕세자가 추진하는 비전 2030은 탈석유, 민영화, 여성의 사회진출 등 사회 전반의 혁신을 요구한다. 그럼에도 가족과 부족 중심 문화는 여전히 견고하다. 오히려 변화의 시기일수록 사람들은 더 강력한 공동체적 유대에 의존하는 경향을 보인다. 여성들의 취업이 증가하면서 여성 친척 간 연대가 강해지고 있고 정부가 청년 창업을 장려하면서 부족 내 공동출자 형식의 창업이나 협업이 늘고 있다.

결론적으로 제품이나 서비스의 우수성만으로는 사우디에서 성공할 수 없다. 현지 가족과 부족 중심 문화를 이해하고 와스타 네트워크에 진입해 장기적으로 신뢰 관계를 구축해야 한다. 시간과 노력이 필요한 과정이지만 한 번 구축한 관계는 강력한 비즈니스 자산이 되어 지속적인 성공을 보장한다.

> **핵심 코칭 포인트**

사우디 비즈니스 성공의 핵심은 관계 구축이다. 기술력과 가격 경쟁력보다 중요한 것은 현지 부족 문화와 와스타 시스템을 이해하고 활용하는 것이다. 장기적으로 신뢰를 쌓고 실질적 영향력을 가진 현지 파트너를 선정하며 문화적 민감성을 갖춘 인력을 배치하고 지속적으로 관계를 관리해야 한다. 체면 문화를 존중하고 간접적 소통 방식을 이해하며 변화하는 사우디 사회에 맞춰 여성 인력 활용 전략을 수립하는 것도 중요하다. 이러한 문화적 지능이 사우디 시장에서의 지속적인 성공을 보장한다.

전통과 현대화의 조화: 변화하는 사회상

 리야드의 최첨단 금융타워에서 활발한 비즈니스 미팅이 진행되고 있다. 최첨단 화상회의 시스템과 AI 프레젠테이션이 준비된 회의실에 토브를 입은 사우디 경영진이 들어온다. 회의 도중 기도 시간을 알리는 아잔 소리가 울리자 모든 것이 멈춘다. 참석자들은 자연스럽게 기도실로 향하고 15분 후 아무 일도 없었다는 듯 회의가 재개된다. 이것이 바로 오늘날 사우디아라비아다. 천 년의 전통과 21세기의 혁신이 충돌하지 않고 공존하는 독특한 사회다.

사우디아라비아의 정체성을 이해하려면 베두인 문화유산부터 살펴봐야 한다. 아라비아반도의 광활한 사막을 오가며 생활한 유목민들의 가치관은 오늘날 현대 사우디 사회에 깊이 뿌리내리고 있다. 샤라프 Sharaf, 명예, 슈자 Shujaat, 용기, 디야파 Diyafah, 환대라는 베두인의 세 가지 핵심 가치는 오늘날에도 사우디인의 삶과 비즈니스의 핵심이다.[56]

▌샤라프: 명예

베두인에게 명예는 생존과 직결된 가치였다. 광활한 사막에서 약속을 지키지 않는 것은 죽음을 의미했고 평판을 잃는 것은 부족 공동체에서의 추방을 뜻했다. 이러한 명예 문화는 현대 사우디 비즈니스에서 '신뢰'와 '체면'이라는 이름으로 여전히 살아 숨쉬고 있다.

사우디 사회에서 체면은 개인의 명예뿐만 아니라 가족의 평판, 더 나아가 부족 전체의 위신이다. 공개적인 비판이나 직접적인 거절은 상대방의 체면을 깎는 행동으로 여겨지고 회복하기 어려운 관계 파탄으로 이어질 수 있다. 한 한국 기업의 주재원이 회의에서 사우디 파트너의 제안을 "그것은 불가능합니다."라고 단호하게 거절했다가 이후 모든 연락이 끊긴 사례가 있다. 체면을 잃었다고 생각한 사우디 파트너가 관계를 단절한 것이다.

부정적인 의견 전달이 필요한 경우에는 반드시 일대일로 만나 완곡하게 표현해야 한다. "이 제안은 매우 훌륭하지만 우리가 처한 상황에서는 다르게 접근할 필요가 있습니다."라는 식으로 표현하는 것이 바람직하다. 비판 전에 긍정적 측면을 먼저 언급하는 '샌드위치 기법'은 사우디에서 특히 효과적이다. 이는 단순한 의사소통 기술이 아니라 상대방의 명예를 지켜주는 배려다.

계약 협상에서도 'No'라는 직접적인 거절보다 "인샬라, 검토해 보겠습니다." 또는 "다른 방법을 찾아봅시다."라는 우회적 표현이 좋다. 반대로 상대방의 이러한 간접적인 거절을 이해하지 못하고 계속 압박한다면 상대방은 체면을 잃었다고 생각하고 비즈니스 관계 자체를 포기할 수 있다.

명예의 가치는 복장에서도 드러난다. 비즈니스 미팅에 참석한 사우디 남성들이 여전히 토브Thobe를 입는 것은 단순한 전통 고수 그 이상의 의미가 있다. 토브는 사우디인으로서의 정체성과 자부심을 표현하는 수단이며 서구식 정장보다 더 격식 있는 복장으로 여겨진다. 겉으로는 비슷해 보이는 토브도 고급 소재와 정교한 마감, 브랜드를 통해 착용자의 지위와 품격을 드러낸다.

여성들의 아바야Abaya 착용도 마찬가지다. 2018년부터 공공장소에서 아바야 착용이 선택사항이 되었지만 대부분 여성이 여전히 아바야를 입는 것은 문화적 정체성과 가문의 명예를 지키려는 의지를 표현하는 것이다. 다만, 이제는 검은색 한 가지 색이 아닌 다양한 색상과 디자인으로 개성을 표현하며 전통과 현대적 감각의 조화를 추구한다.

직업에 대한 인식에서도 명예의 가치는 중요하다. 역사적으로 사우디인들이 육체노동을 꺼리고 관리직을 선호하는 것은 단순히 편안함을 추구해서가 아니라 특정 직업이 가문의 명예와 직결된다는 뿌리 깊은 인식 때문이다. 그러나 최근 이러한 인식은 변하고 있다. 한 청년이 트럭에서 전통 음료를 판매하며 SNS 스타가 된 사례는 '정직하게 일해 이룬 성공'이 명예의 새로운 기준이 될 수 있음을 보여준다.

▌슈자: 용기

베두인에게 용기는 혹독한 사막에서 살아남기 위한 필수 덕목이었다. 위험을 감수하고 새로운 오아시스를 찾아 나서는 용기가 없으면 부족 전체가 위기에 빠질 수 있었다. 이러한 도전정신은 현대 사우디의 급격한 변화를 이끄는 원동력이 되고 있다.

비전 2030으로 대표되는 사우디의 변혁은 그 자체로 거대한 용기의 표현이다. 석유 의존 경제에서 다각화된 경제로의 전환, 보수적 사회에서 개방적 사회로의 변화는 엄청난 과제다. 그러나 사우디는 이 도전을 피하지 않고 정면으로 맞서고 있다. 2025년 현재 비전 2030의 주요 지표 대부분이 달성되고 있는 것은 이러한 용기 있는 추진력의 결과다.

여성의 사회 진출은 용기의 대표적 사례다. 몇 년 전만 해도 상상할 수 없었던 변화들이 일어나고 있다. 여성이 운전대를 잡고 스타디움에서 스포츠 경기를 관람하며 CEO로서 기업을 이끈다. 2025년 여성 노동참여율이 36.2%에 달한 것은 수치 이상의 의미를 지닌다. 이는 수세기 동안 이어진 관습을 깨고 새로운 길을 개척한 여성들의 용기와 이를 지원한 사회의 결단력을 보여준다.

젊은 세대의 기업가 정신도 베두인의 용기를 현대적으로 재해석한 것이다. 안정적인 공무원이나 대기업 취업 대신 스타트업을 창업하는 청년들이 늘고 있다. 이들은 실패를 두려워하지 않고 새로운 시장을 개척한다. 디지털 산업, 엔터테인먼트, 관광 등 전통적으로 사우디와 어울리지 않는다고 여겨졌던 분야에서도 혁신이 일어나고 있다.

사우디화 정책에 대처하는 데도 큰 용기가 필요하다. 269개 직종에서 사우디인 고용이 의무화되면서 기업들은 비용 증가와 효율성 저하를 감수해야 했다.[57] 그러나 많은 기업이 이를 위기가 아닌 기회로 받아들여 현지 인재를 육성하고 새로운 업무 문화를 만들어가며 장기적 경쟁력을 확보하기 위해 노력하고 있다.

전통과 현대의 융합 추구 자체가 용기를 요구한다. 서구화도 아니고 전통 고수도 아닌 제3의 길을 찾는 것은 쉽지 않은 선택이다. 그러나 사우디는 이슬람 가치를 지키면서도 세계와 소통하고 베두인 전통을 간직하면서도 4차 산업혁명을 수용하는 독특한 모델을 만들어가고 있다. 디리야 게이트 프로젝트처럼 역사적 유산을 현대적으로 재해석하는 시도들은 과거를 부정하지 않으면서도 미래로 나아가려는 용기 있는 선택이다.

▌디야파: 환대

사막에서 환대는 생존의 조건이었다. 낯선 여행자를 맞이해 보살피는 것은 언젠가는 자신도 누군가의 도움을 받을 수 있다는 상호부조 정신에서 비롯되었다. 사막에서 손님을 거부하는 것은 곧 죽음을 의미했기 때문에 환대는 신성한 의무가 되었다. 이러한 환대의 전통은 현대 사우디 비즈니스 문화에서 '관계 중심 경영'으로 발전했다.

사우디 파트너의 사무실을 방문하면 먼저 아랍 전통 커피인 가후와Gahwa와 대추야자를 대접받는다. 이는 단순한 다과가 아닌 환영 의식이다. 작은 잔에 조금씩 따라주는 커피는 최소한 한 잔은 마셔야 하고 더 이상 마시고 싶지 않을 때는 잔을 좌우로 가볍게 흔들어 표시한다. 한 일본 기업 대표가 건강상 이유로 커피를 거절했다가 분위기가 어색해진 사례가 있다. 사우디 파트너는 이를 자신의 환대를 거부하는 것으로 받아들였고 이후 관계 회복에 상당한 노력이 필요했다.

비즈니스 미팅에서도 본론에 앞서 사적인 대화에 충분한 시간을 할애해야 한다. 가족의 안부를 묻고 건강을 걱정해주며 날씨나 여행 이야기를 나누는 것은 시간 낭비가 아니라 신뢰 구축의 필수 과정이다. 비즈니스 이야기를 성급히 꺼내면 상대방을 단순한 거래 대상으로만 본다는 인상을 줄 수 있다. 최소 15~20

이프타르 Iftar

카브사 Kabsa

가후와 Gahwa

분은 스몰토크에 할애하고 상대방이 먼저 비즈니스 화제로 전환할 때까지 기다리는 것이 예의다.

카브사^{Kabsa}를 함께 먹는 것도 환대의 중요한 표현이다. 큰 쟁반에 담긴 음식을 여러 명이 둘러앉아 손으로 먹는 전통은 평등과 형제애를 상징한다. 고위 임원도 직원들과 같은 쟁반의 음식을 먹으며 위계를 초월한 인간적 유대감을 다진다. 이프타르^{Iftar, 라마단 기간 중 일몰 후 식사}에 초대받는 것은 특별한 영광으로 이는 단순한 식사가 아니라 가족의 일원으로 받아들인다는 의미다.

시간 개념도 사우디 환대 문화와 깊이 연관되어 있다. 사우디에서 시간은 직선적이고 계량적인 자원이 아니라 관계와 상황에 따라 유동적으로 흐르는 것이다. 9시 미팅이 10시에 시작되는 것은 흔하며 중요한 손님이 방문하면 예정된 일정은 미뤄진다. 이는 게으름이 아니라 "사람이 시간보다 중요하다."는 가치관의 표현이다. 먼저 온 손님과 충분한 시간을 들여 관계를 맺는 것 자체에 중요한 가치가 있다고 본다.

개인의 성공보다 가족과 공동체의 번영을 중시하는 태도도 환대 정신을 보여준다. 많은 사우디 기업이 단순한 이윤 추구를 넘어 사회적 가치 창출을 강조하는 배경이 여기에 있다. 직원의 가족 행사나 개인적 어려움에 깊은 관심을 보이는 것은 회사가 확대된 가족이라는 인식에서 나온다. 한 사우디 기업의 CEO가 한 직원의 아버지가 입원하자 직접 병문안하고 의료비를 지원해 직원들의 충성도를 크게 높인 사례도 있다.

현대적 서비스 산업에서도 환대의 전통은 계속된다. 사우디의 호텔이나 레스토랑에서 경험하는 서비스는 단순한 매뉴얼 실행이 아니라 진심 어린 관심과 배려, 개인적 유대감이라는 베두인 환대 정신의 현대적 표현이다. 이는 사우디가 관광 산업을 발전시키는 데 중요한 경쟁력이 되고 있다.

완곡한 표현에 대해서도 이해해야 한다. 한 독일 기업이 사우디 파트너와의 프로젝트에서 '인샬라' 문화를 이해하지 못해 일정이 여러 번 변경되자 신뢰를 잃었다고 판단하고 계약을 취소한 사례가 있다. 사우디 측에서는 불가항력적 상황을 설명하려고 했을 뿐 약속을 어길 의도는 전혀 없었다.

'인샬라'는 "신의 뜻대로"라는 뜻으로 사우디인의 일상 대화에서 가장 흔히 듣는 표현이다. 단순한 종교적 표현을 넘어 불확실성을 수용하고 운명에 순응하는 문화적 태도를 보여준다. 비즈니스에서 "내일 계약서를 보내드리겠습니다. 인샬라."라고 말했다면 이는 확실한 약속이 아니라 최선을 다하겠지만 상황에 따라 달라질 수 있다는 뜻이다. 서구적 관점에서는 무책임하게 들릴 수 있지만 사우디 문화에서는 인간의 한계를 인정하고 신의 섭리를 존중하는 겸손한 태도로 받아들여진다.

지금 사우디는 거대한 실험 중이다. 베두인의 전통적 가치인 명예, 용기, 환대를 21세기 언어로 번역하는 실험이다. 명예는 신뢰와 브랜드 가치로, 용기는 혁신과 기업가 정신으로, 환대는 고객 서비스와 관계 마케팅으로 재탄생하고 있다. 이 세 가지 가치는 과거의 유산이 아니라 사우디가 글로벌 시장에서 경쟁력을 갖추는 핵심 자산이다.

천 년의 지혜가 현대의 혁신과 만나는 지점에서 독특한 비즈니스 기회가 생겨나고 있다. 사우디 속담에 "낙타는 천천히 걸어도 밤낮 간다.", "급히 가려는 자는 두 번 간다."라는 말이 있다. 천천히 가더라도 올바른 방향으로 가는 것이 결국 지름길이다. 성급한 변화보다 전통의 뿌리를 간직한 채 지속적 발전을 추구하는 것이 사우디식 현대화다.

> 핵심 코칭 포인트

명예(샤라프)를 지켜라

약속은 반드시 지키고 공개적 비판을 피하며 간접적이고 완곡한 표현을 사용하라. 악수는 오른손으로만 하고 여성과 악수할 때는 상대방이 먼저 손을 내밀 때만 응한다. 명함은 양손이나 오른손으로 주고받고 받자마자 주머니에 넣지 말고 정중히 보관하라.

용기(슈자)를 보여라

변화하는 사우디 시장의 새로운 기회를 포착하되 전통과의 조화를 추구하는 창의적 접근법이 필요하다. 첫 미팅에서 계약을 성사시키려고 하지 말고 장기적 인내심을 갖고 접근하라. 라마단 기간에는 낮시간 미팅을 피하고 금요일은 안식일임을 명심하라.

환대(디야파)를 실천하라

미팅 시작 전 최소 15~20분은 스몰토크에 할애하고 대접받은 커피를 최소한 한 잔은 마셔라. '인샬라'를 무책임이 아닌 겸손의 표현으로 이해하고 시간이 지체되는 것을 받아들여라. 선물은 한국의 전통 공예품이나 고급 문구류가 적합하며 과도하게 비싼 선물은 피하라. 인간관계가 시간이나 효율보다 중요하다는 사우디의 가치관을 존중하라.

여성의 역할 변화가 이끄는 경제적·문화적 전환

2018년 6월 24일 리야드와 제다 거리에서 역사적 순간이 펼쳐졌다. 수십 년간 금지되었던 여성 운전이 드디어 허용된 것이다. 핸들을 잡은 여성들의 모습은 단순한 교통수단의 변화가 아니라 사우디 사회 전체를 관통하는 거대한 변화의 신호탄이었다. 이 변화는 빈 살만 왕세자가 주도하는 비전 2030의 핵심 축으로 석유 의존 경제에서 벗어나 전체 인구의 절반을 차지하는 여성 인력을 경제활동에 적극 참여시키겠다는 전략적 결단이었다.

사우디는 이슬람의 가장 보수적인 한발리 학파와 와하비즘 전통을 중심으로 형성된 종교문화 제도를 유지해왔다. 여성의 전통적 지위는 '보호'와 '통제'라는 이중적 개념 속에서 정의되었다. 마흐람^{Mahram, 남성 보호자}의 허가 없이는 여행, 취업, 의료 시술, 심지어 은행 계좌 개설조차 불가능했다. 공공장소에서의 성별 분리는 극단적이어서 레스토랑은 가족 구역과 남성 구역으로 나뉘었고 대학 강의실에서조차 여학생들은 비디오 화면으로 수업을 들어야 했다.

그러나 여성 운전의 허용은 시작에 불과했다. 2017년부터 시작된 개혁 조치들은 혁명적 변화를 가져왔다. 2019년에는 21세 이상의 여성이 남성 보호자의 허가 없이도 여권을 발급받아 해외여행을 갈 수 있게 되었고 스포츠 경기장, 콘서트, 영화관도 출입할 수 있게 되었다. 더 중요한 변화는 고용시장에서 일어났다. 성희롱 방지법이 제정되고 여성의 야간 근무와 남녀 혼성 근무가 허용되었다. 2024년에는 노동법이 개정되어 출산휴가가 10주에서 12주로 연장되었다.[58]

사우디 여성의 노동시장 참여율은 비전 2030의 원래 목표였던 30%를 이미 초과 달성했다. 2024년 10월 사우디 재무장관 모하메드 알자단은 2030년까지 40% 달성을 목표로 한다고 발표했다.[59] 이는 단순한 수치 변화가 아니라 사우디 경제 구조의 근본적 전환을 뜻한다.

　특히 주목할 점은 여성 창업의 급증이다. 사우디 중소기업의 45%를 여성이 이끌고 있으며 과거 가내 수공업 수준에 머물던 여성 기업가들이 이제는 기술 스타트업, 전자상거래, 금융 서비스 등 다양한 분야에서 두각을 나타내고 있다. 정부는 여성 창업자용 특별 대출 프로그램과 인큐베이터를 운영하며 적극 지원하고 있다.

　이러한 경제적 변화는 문화적 전환과 맞물려 가속화되고 있다. 2016년 설립된 엔터테인먼트총국 General Entertainment Authority, GEA 은 수십 년간 금지되었던 문화 행사를 대대적으로 허용하고 장려하기 시작했다. 2018년 35년 만에 처음으로 리야드에 상업용 영화관이 문을 열었고 2017년에는 25년 만에 처음으로 공개 라이브 콘서트가 열렸다. 사우디 엔터테인먼트 시장은 2024년 24억 6천만 달러에서 2033년 61억 달러로 성장할 것으로 예상되며 연평균 10.61%의 성장률을 보일 전망이다.[60]

사우디 인구의 60% 이상을 차지하는 35세 이하 청년층은 이러한 변화의 중심에 서 있다. 스마트폰과 인터넷, SNS로 세계와 연결된 이들은 전통적 문화 규범을 당연시하지 않는다. K-팝, 일본 애니메이션, 미국 드라마 등 글로벌 문화 콘텐츠 수요가 폭발적으로 증가하고 있다. 2019년부터 시작된 '리야드 시즌'은 글로벌 팝스타 콘서트, 서커스, 전시회 등 다양한 프로그램으로 수백만 명의 관객을 끌어모으고 있다.

그러나 이러한 변화는 새로운 긴장도 만들고 있다. 보수적인 집안에서 일하는 여성들은 여전히 사회적 압력에 직면하고 있으며 직장과 가정에서 이중 부담을 짊어지고 있다. 보수적인 종교계와 농촌 지역 주민, 고령 세대는 이러한 변화를 '도덕적 타락'으로 인식하기도 한다. 민영화와 경쟁 중심 경제는 기존 공공부문에 의존해온 시민들에게 위기감을 안겨주고 있으며 농촌이나 외곽 지역 주민들은 변화의 혜택에서 상대적으로 소외되고 있다.

이러한 맥락에서 외국 기업들은 변화하는 사우디 시장에 전략적으로 접근해야 한다. 여성에 특화된 근무 환경 조성을 위해 별도의 출입구, 여성 전용 휴게실, 기도실 등의 시설 투자가 필요하다. 이는 우수한 여성 인재를 확보하는 경쟁력이 된다. 재택근무나 유연근무제는 가족 부양과 직장생활을 병행해야 하는 사우디 여성들에게 매력적인 조건이 되고 있다.

한편, 2024년 3월 기준 사우디 공공투자기금^{PIF}은 9,250억 달러의 자산을 운용하는 세계 2위 규모의 국부펀드로 성장했다. 사우디는 3조 달러의 외국인 투자를 유치해 경제 발전을 촉진하고 기술 이전을 통해 사우디 국민의 일자리를 창출하기 위해 노력하고 있다.[61] 이는 단순한 경제 다각화를 넘어 사회 전체의 구조적 전환을 의미한다.

정리하면 사우디 여성의 역할 변화는 이제 되돌릴 수 없는 대세가 되었다. 정부의 경제적 필요, 젊은 세대의 의식 변화, 글로벌 스탠다드에 대한 압력이 맞물려 변화를 가속화하고 있다. 그러나 이러한 변화가 서구식 모델을 그대로 따라가지는 않을 것이다. 사우디는 이슬람적 가치와 현대성을 조화시키는 독특한 모델을 만들어가고 있다. 전통과 현대, 보수와 개방, 기득권과 신흥 세력 간 긴장 속에서 새로운 균형점을 찾아가는 이 실험은 한 국가의 변화뿐만 아니라 중동 지역 전체에 영향을 미칠 중요한 척도다.

> **핵심 코칭 포인트**

사우디 시장에서 성공하려는 기업은 여성 인력의 전략적 활용, 문화적 민감성과 혁신의 균형, 젊은 세대의 욕구에 부응하는 비즈니스 모델 구축이 필수적이다. 특히 사우디화 정책 활용, 여성 친화적 근무 환경 조성, 현지 문화와 글로벌 스탠다드의 조화, 장기적인 인재 육성 투자가 핵심 성공 요소가 될 것이다.

PART 5

인프라 및 인적 자원

인구 구조 및 노동시장의 변화

　리야드의 한 대형 건설현장의 모습은 사우디 노동시장의 모순을 압축적으로 보여준다. 40도를 넘는 한낮의 열기 속에서 실제 작업을 수행하는 파키스탄과 방글라데시 출신의 외국인 근로자들 곁에는 에어컨이 완비된 컨테이너 사무실에서 서류를 들여다보는 사우디 청년이 앉아 있다. 그가 무슨 일을 하는지는 불분명하다. 사우디화 정책의 의무 고용 비율을 맞추기 위해 기업이 채용한 직원일 가능성이 크다.

이러한 현상은 단순한 일화가 아니다. 2025년 현재도 사우디 민간부문은 여전히 외국인 노동자가 큰 비중을 차지한다. 이는 사우디 노동시장이 안고 있는 구조적 문제를 보여주는 동시에 석유 수입에 기반한 풍요로운 복지가 만들어낸 현실이다.

▌카팔라 제도: 외국인 노동자를 속박하는 현대판 신분제

사우디의 외국인 노동자들은 '카팔라'Kafala라는 특수한 제도 아래서 일한다. 카팔라는 아랍어로 '보증', '후견'이라는 뜻으로 외국인 노동자가 사우디에서 일하기 위해 현지인 '후원자'Sponsor가 필수적인 제도를 말한다. 일부 악덕 고용주들은 노동자의 여권을 압수하고 약속한 임금을 주지 않은 채 열악한 환경에서 일할 것을 강요한다. 노동자가 항의하면 "비자를 취소하겠다."라고 협박한다. 국제사회는 카팔라를 '현대판 노예제도'라고 비난해왔다. 이 제도가 어떻게 작동하는지 알아보기 위해 방글라데시 출신의 노동자 아흐메드가 사우디 건설회사에 취업했다고 가정하면 그는 다음과 같은 과정을 거쳐야 한다.

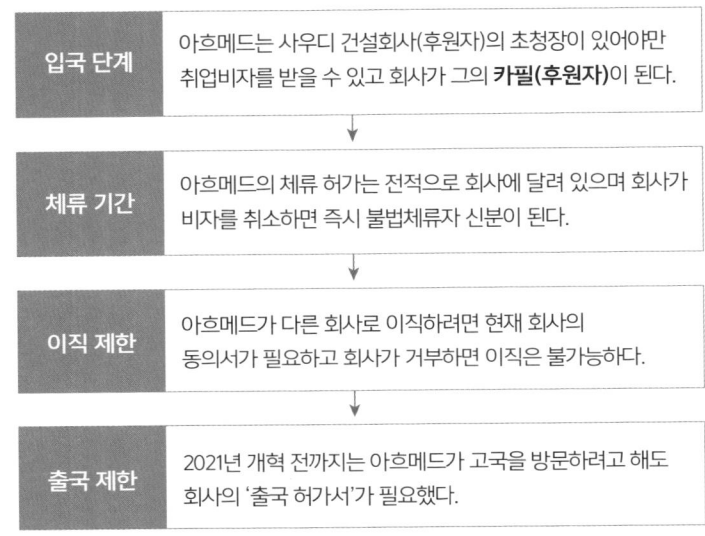

젊은 인구의 잠재력과 일자리 미스매치

사우디는 인구학적으로 매우 젊은 국가로 매년 약 25만 명의 젊은 사우디인이 노동시장에 진입한다. 이들의 평균 연령은 20대 중반이며 교육 수준도 과거보다 크게 향상되었다.[62] 그러나 이러한 젊은 인력의 증가가 경제 활력으로 직결되지는 않는다. 가장 큰 이유는 사우디만의 독특한 직업관 때문이다.

오랜 석유 부국의 역사 속에서 자국민들 사이에는 특정 직업을 선호하는 경향이 생겨났다. 대부분의 사우디 청년들은 정부 기관이나 국영기업 등 안정적인 일자리를 원한다. 월급 수준이 높고 근무 시간도 짧고 사회적 지위도 보장되기 때문이다. 반면, 민간부문, 특히 현장직이나 서비스직은 기피 대상이다.

정부는 이러한 구조적 문제를 해결하기 위해 '사우디화' 정책을 추진 중이다. 사우디화는 기업들이 사우디 국민을 일정 비율 이상 의무적으로 고용해야 하는 정책이다. 공식 명칭은 '니타카트'Nitaqat 프로그램인데 니타카트는 아랍어로 '구역', '범위'를 뜻한다.[63] 이 프로그램은 기업을 네 가지 색상으로 구분한다. 신호등을 생각하면 이해하기 쉽다.

구분	사우디 국민	외국인 노동자
전체 노동인구 비중	34%	66%
민간부문 비중	20%	80%
선호 직종	공공부문, 관리직, 사무직	건설, 제조, 서비스업
평균 급여 기대치	월 8,000리얄 이상	월 2,000~4,000리얄

50명 규모의 건설회사를 예로 들어보자. 건설업은 사우디인을 30% 이상 고용해야 한다고 정부가 정했다면 이 회사는 최소 15명의 사우디인을 고용해야 한다. 만약 5명만 고용했다면 '레드' 등급을 받는다. 그럼 신규 외국인 노동자 고용을 할 수 없게 되고 기존 외국인 노동자의 비자 연장도 거부되어 사실상 사업을 접어야 하는 상황이 된다.

사우디아라비아 니타카트 등급 제도

등급	사우디인 고용률	혜택 또는 불이익
플래티넘 (Platinum, 최고 등급)	매우 높은 기업	· 외국인 신규 고용 자율권 · 비자 발급 우선권 · 정부지원금 우대
그린 (Green, 양호 등급)	기준 이상인 기업	· 외국인 고용 가능 · 일부 혜택 제공
옐로우 (Yellow, 낮은 등급)	낮은 기업	· 신규 외국인 고용 불가 · 비자 갱신 제한
레드 (Red, 최저 등급)	매우 낮은 기업	· 외국인 고용 전면 금지 · 사업 운영 제한 · 정부 계약 대상에서 배제

니타카트 시스템은 당근과 채찍을 동시에 제공한다. 사우디인 고용률이 높은 기업은 외국인 근로자 비자 발급이 쉽고 각종 정부 지원도 받을 수 있다. 반면, 레드 등급 기업은 신규 외국인 고용이 금지되고 기존 직원의 비자 갱신도 어려워져 사실상 기업 활동이 마비될 수 있는 강력한 제재를 받는다.

2025년부터 269개 직종에서 새로운 사우디화 비율이 적용된다.[64] 업종마다 요구되는 비율이 다른데 이는 각 업종의 특성과 사우디인의 업종 선호도를 반영한 것이다.

그러나 의무 고용만으로는 문제가 해결되지 않는다. 많은 기업이 비율을 맞추기 위해 형식적으로 사우디인을 채용하지만 이들의 생산성과 근무 태도가 기대에 미치지 못하는 경우가 많다. 사우디인을 니타카트 프로그램에 완전히 포함시키려면 월 4,000리얄(약 130만 원) 이상의 급여를 지급해야 하는데 이는 많은 중소기업에게 큰 부담이다.

그러나 최근 의미 있는 변화의 조짐이 보인다. 무엇보다 정부 재정의 한계로 공공부문 일자리가 더 이상 늘지 않으면서 젊은 이들도 민간부문으로 눈을 돌리기 시작했다.

특히 주목할 점은 여성의 노동시장 참여다. 사우디 여성의 노동시장 참여율은 2025년 1분기 36.3%를 기록했고 실업률은 10.5%로 떨어졌다. 이는 2015년의 17.4%에서 두 배 이상 증가한 수치로 비전 2030의 초기 목표인 30%를 이미 초과 달성한 것이다. 정부는 2030년까지 여성의 노동시장 참여율을 40%로 높이겠다는 새로운 목표를 설정했다.[65]

▌카팔라 제도의 개혁: 조금씩 풀리는 족쇄

2021년 3월 사우디 정부는 국제사회의 비난을 인식하고 비전 2030의 목표 달성을 위해 카팔라 제도의 일부를 개혁했다. 인도 출신 엔지니어 라비의 이야기를 통해 개혁이 외국인 노동자들의 삶을 어떻게 바꾸었는지 엿볼 수 있다.

개혁 전 라비는 A 회사에서 일하면서도 사실상 갇혀 있었다.

더 좋은 조건을 제시하는 B 회사가 있어도 A 회사가 동의하지 않으면 이직은 꿈도 꿀 수 없었다. 고향의 어머니가 위독하다는 소식을 들어도 회사가 출국 허가서를 내주지 않으면 발이 묶이고 회사는 이런 권한을 이용해 저임금과 열악한 근무를 강요했다.

그러나 개혁 이후 상황이 달라졌다. 라비가 A 회사에서 1년 이상 근무했다면 이제는 회사의 동의 없이도 더 나은 조건의 B 회사로 이직할 수 있게 되었다. 출국도 회사의 허가를 더 이상 구하지 않아도 된다. 물론 회사에 통보는 해야 하고 회사는 10일 내에 정당한 사유가 있으면 이의를 제기할 수 있지만 과거와 같은 절대적 권한은 사라졌다.

그러나 이 개혁에도 심각한 사각지대가 있다. 가사 도우미, 농장 노동자, 경비원 등 약 370만 명의 노동자가 개혁의 혜택을 받지 못하고 있다. 이들은 대부분 가장 취약한 계층으로 고용주 집에 거주하면서 외부와 단절된 채 일하는 경우가 많다. 이들에게는 구 카팔라 제도가 여전히 적용되어 고용주의 철저한 통제를 받고 있다.

기업의 전략적 대응 방안

변화하는 사우디 노동시장에서 기업이 성공하려면 단순한 규정 준수를 넘어 전략적이고 문화적인 세심한 접근법이 필요하다.

첫째, 현실적인 인재 활용 전략이 중요하다. 사우디인을 무작정 현장직에 배치하기보다 그들이 선호하고 잘할 수 있는 분야에서부터 시작해야 한다. 관리직, 마케팅, IT 부서에 우선 배치하고 충분한 교육과 적응 기간을 거쳐 점진적으로 다른 업무로 영역을 확대하는 것이 현명하다. 특히 경험 많은 외국인 직원과 사우디 신입사원을 연결하는 멘토링 제도는 기술 전수와 문화적 적응을 동시에 달성할 수 있는 효과적인 방법이다.

둘째, 사우디의 문화적 특성을 깊이 이해하고 존중해야 한다. 하루 다섯 번의 기도 시간은 단순한 휴식이 아니라 종교적 의무다. 이를 보장하는 것은 법적 요구사항이자 직원들의 신뢰를 얻는 첫걸음이다. 라마단 기간에는 근무 시간을 단축하고 가족 행사나 종교적 의무 실행을 위한 휴가를 유연하게 운영해야 한다.

이는 비용이 아닌 투자다. 자신의 문화를 존중받은 직원은 더 높은 충성도와 생산성을 보인다.

셋째, 니타카트 등급 관리는 기업의 생존과 직결된다. 정기적으로 사우디인 고용 비율을 점검하고 업종별 요구 비율 변화를 예의주시해야 한다. 최소한 그린 등급 이상을 유지하는 것이 안정적인 사업 운영의 전제 조건이다. 이를 위해서는 단기적인 수치 맞추기가 아닌 장기적인 인력 계획이 필요하다.

이러한 전략적 접근을 통해 기업은 사우디화 정책의 요구사항을 충족시키면서도 생산성과 경쟁력을 유지할 수 있다. 핵심은 단기적인 규정 준수를 넘어 장기적인 현지화 전략을 수립하는 것이다. 사우디 노동시장의 변화는 도전이자 기회다. 이 변화를 이해하고 적응하는 기업만 중동 최대 시장에서 지속가능한 성장을 이룰 수 있을 것이다.

> **핵심 코칭 포인트**

사우디 민간부문은 외국인 노동자 비율이 여전히 높으며 '카팔라' 제도로 인해 이들의 이동과 권리가 제한되어 있다. 젊은 사우디인들은 주로 공공부문 일자리를 선호하고 민간 현장직은 기피하는 경향이 있다. 정부는 '니타카트' 정책을 통해 사우디인 고용을 의무화하고 있으며 기업들은 고용 비율에 따라 혜택을 받거나 제재를 받는다.

2021년 카팔라 제도가 일부 개혁되었지만 취약계층 노동자들은 여전히 제도의 제한을 받고 있다. 기업들은 사우디인에게 적합한 직무를 배치하고 현지 문화를 존중하며 니타카트 등급을 철저히 관리하는 전략을 수립해야 한다. 이러한 노동시장의 변화는 도전인 동시에 기회이며 성공적인 현지화가 기업의 지속적인 성장에 필수다.

교육 시스템 이해와
인적 자원 개발

　사우디아라비아의 한 대학 졸업식장. 여학생들이 학위증을 받기 위해 단상에 오르지만 그 위에는 아무도 없다. 학위증은 무대 옆 기계 장치를 통해 자동으로 전달된다. 이는 학장이 남성이고 졸업생이 여성인 경우, 직접적인 대면을 피하는 전통 관습 때문이다. 2025년 지금도 이런 모습은 사우디 교육의 현실을 상징적으로 보여준다.

　사우디의 교육은 오랫동안 부족 중심 사회구조와 이슬람 종교 전통에 기반해 발전해왔다. 20세기 중반 석유 산업이 본격화되면서 국가 주도의 근대적인 교육체계가 세워졌지만 교육의 핵심 목표는 종교적 가치 유지와 국가에 대한 충성심 함양이었다. 그러나 21세기 들어 교육의 의미는 점점 확장되었다. 이제 교육은 단순한 지식 전달을 넘어 사회계층 간 이동을 가능케 하고 국민 통합과 경제 전환을 이끄는 중요한 수단으로 인식되기 시작했다.

▌국가 주도 교육 시스템의 구조와 특징

사우디는 GDP의 8.8%를 교육에 투자한다. 이는 전 세계 평균인 4.6%의 거의 두 배다.[66] 초등학교부터 대학원까지 모든 교육이 무상으로 제공되며 대학생들에게는 생활보조금까지 지급된다. 이는 단순한 복지 정책이 아니라 석유 수익을 인적 자본에 재투자해 미래를 준비하는 국가의 생존 전략이다. 킹사우드대학이나 킹압둘아지즈대학 같은 국립대학들은 최첨단 연구시설과 국제적 수준의 교수진을 갖추고 중동 지역의 경쟁력 있는 교육기관으로 자리 잡았다.

남녀 분리 교육은 사우디 교육 시스템의 가장 독특한 특징이다. 유치원부터 대학까지 모든 교육기관에서 남녀가 분리되어 교육받는다. 여학생들을 가르치는 남성 교수는 CCTV를 통해 원격으로 강의한다. 이러한 시스템은 막대한 추가 비용을 발생시킨다. 같은 과목을 남녀 따로 개설해야 하고 시설도 이중으로 운영해야 하기 때문이다. 그러나 이 체계에도 균열이 생기고 있다. 킹압둘라과학기술대학(KAUST)은 2009년 개교 당시부터 사우디 최초의 남녀공학 대학으로 운영 중이며 최근에는 일부 사립대학과 국제 프로그램에서도 제한적인 남녀공학이 허용되고 있다.

교육 내용 면에서도 근본적인 변화가 일어나고 있다. 과거 종교 과목이 전체 커리큘럼의 30% 이상을 차지했던 교육체계는 이제 STEM(과학·기술·공학·수학) 교육 중심으로 빠르게 재편되고 있다. 특히 인공지능, 로봇공학, 재생에너지 등 4차 산업혁명 관련 학과들이 신설되면서 미래 산업에 종사할 인재 양성에 박차를 가하고 있다. 이러한 변화는 단순한 교육과정 개편을 넘어 사우디 사회가 추구하는 미래상의 변화를 반영한다.

▎여성 교육의 혁명적 확대

1990년대까지만 해도 여성 교육은 이슬람 교리와 가사 관련 기술교육에 국한되는 경우가 많았다. 그러나 2000년대 들어 여성 교육의 기조가 급격히 변했다. 2018년 기준 사우디 대학 졸업생의 66%가 여성이며 특히 자연과학, 수학, 통계 분야에서는 여성이 압도적 비율을 차지한다.[67] 프린세스 노라 빈트 압둘라흐만대학 Princess Nourah Bint Abdulrahman University, PNU은 세계 최대 규모의 여성 전용 대학으로 약 6만 명이 재학 중이다. 의학, 공학, 경영학 등 다양한 전공 과목이 개설되어 있으며 2018년에는 사우디 최초로 여성 운전면허 교육을 시작하는 등 여성의 사회 진출을 위한 실질적인 교육을 제공한다.

그러나 교육받은 여성들이 노동시장에서 마주치는 현실은 여전히 녹록지 않다. 2024년 기준 여성 고등교육 졸업생의 실업률은 남성보다 여전히 두 배 이상 높다. 취업 여성의 85%가 교육 분야, 6%가 공공보건 분야에 종사하며 95%가 공공부문에서 일한다. 많은 여성이 취업 과정에서 전통적 가치관이나 기업의 보수적 관행에 가로막힌다. 그럼에도 여성 전문직 종사자, 여성 창업가, 스타트업 대표 등 '새로운 롤모델'의 등장은 사회 내 성역할에 대한 인식을 서서히 바꾸고 있다.

▎해외 유학과 새로운 중산층의 등장

사우디 정부의 인재 양성 전략은 국내 교육기관 확충에 그치지 않는다. 킹압둘라 해외장학프로그램 KASP을 통해 2010년대 중반부터 수십만 명의 청년이 미국, 영국, 캐나다 등에 유학을 다녀왔다. 정부는 학비 전액은 물론 연간 2만~3만 달러의 생활비, 가족 동반 비용, 연 2회 왕복 항공료까지 지원한다.[68] 이 프로그램은 단순한 학문 습득을 넘어 국제적 감각과 다양한 가치관을 경험한 세대를 길러내는 통로가 되었다.

이러한 교육 투자의 결과로 새로운 중산층이 등장하고 있다. 과거 사우디 사회는 왕족, 부족 지도층, 공공부문 고용자 중심의 계층구조로 고정되어 있었다. 그러나 오늘날 고등교육과 해외 유학에 기반한 신흥 전문직 중산층이 빠르게 성장하고 있다. 이들은 영어와 기술에 능숙하며 다국적 기업에서 경력을 쌓거나 창업 생태계에 뛰어들고 있다. 리야드에서 활동하는 핀테크 스타트업 '타마라'의 창립 멤버 대부분이 미국과 영국에서 경영학을 전공한 30대 초반의 사우디인이라는 사실이 이러한 변화를 잘 보여준다.

2021년 출범한 '인적역량개발프로그램' Human Capability Initiative 은 이러한 변화를 더 가속화하고 있다. 이 프로그램은 89개 이니셔티브를 통해 비전 2030의 16개 전략목표 달성을 꾀한다. 유치원 등록률을 23%에서 90%로 높이고 2030년까지 사우디 대학 두 개를 세계 100위권에 진입시키는 것이 목표다. 2023년에는 교육 훈련이 220% 이상 성장해 37만 명 이상의 사우디인이 고용되는 성과를 거두었다.[69]

▎ 지역 격차와 교육의 미래

사우디의 경제 중심은 리야드, 제다, 담맘 같은 대도시에 집중되어 있지만 인구의 상당수는 지방 중소도시와 농촌 부족 공동체에 거주한다. 이런 지역에서는 교사 부족, 열악한 교육 인프라, 인터넷 접근성 결핍 등의 문제가 심각하다. 나즈란이나 하일 같은 남부 지역은 학교 교재가 여전히 부족하거나 여성 교사가 없어 여자아이들이 중등교육을 제대로 받지 못하는 사례도 있다. 정부는 온라인 교육 플랫폼과 원격교육 기술에 투자를 확대하고 있지만 디지털 격차는 사회적 유동성을 제한하는 요소로 여전히 작용하고 있다.

기업 관점에서 사우디 교육 시스템의 변화는 단순히 지켜볼 대상이 아니라 전략적으로 대처해야 할 기회다. 이러한 변화의 방향과 속도를 정확히 이해하고 적극 활용하는 것이 중요하다. 특히 대학과의 긴밀한 협력이 핵심 전략으로 떠오르고 있다. 단순히 채용 설명회를 열거나 졸업생을 모집하는 수준을 넘어 교육과정 개발 단계에서부터 기업이 직접 참여해 필요한 인재를 함께 양성하는 방식이 요구된다. 이러한 교육과 기업 간 협력은 미래 인력 확보뿐만 아니라 사우디 내에서의 성공적인 현지화 전략 실현에도 중요한 역할을 한다.

사우디화 정책도 단순한 규제가 아닌 기회로 활용해야 한다. 2025년부터 산업별로 사우디인 의무 고용 비율이 상향 조정되면서 2024년 말 기준 사우디 실업률은 7%로 비전 2030의 목표를 조기 달성했다. 정부는 사우디인을 고용하는 기업에 교육 훈련비용 지원, 임금 보조, 세제 혜택 등 다양한 인센티브를 제공한다. 이를 적극 활용해 장기적인 인재 육성 프로그램을 운영하는 것이 바람직하다.

특히 여성 인재 활용에 주목해야 한다. 사우디 대학 졸업생의 60% 이상이 여성이지만 민간부문 진출은 여전히 제한적이다. 재택근무, 유연근무제 등을 도입해 여성 친화적 근무 환경을 조성한다면 우수한 여성 인재를 확보할 기회가 열려 있다. 기술교육 및 직업훈련 Technical and Vocational Education and Training, TVET 졸업생도 간과해서는 안 된다. 이들은 학력은 상대적으로 낮지만 실무 능력이 뛰어나고 현장 적응이 빠르다는 장점이 있다.

사우디 교육은 과거보다 훨씬 개방적이고 다층적인 방향으로 나아가고 있다. 교육은 개인의 운명을 바꿀 수 있는 도구이자 사회 전체의 구조를 뒤흔드는 힘을 지닌 요인이다. 지금 사우디 사회는 '지식 기반 경제'로의 전환을 준비하며 교육을 사회적 유동성의 중심에 놓고 있다. 전통과 현대, 보수와 혁신 사이에서 역동적으로 변화하는 사우디 교육 시스템은 단순히 교육 분야에 국한되지 않고 사우디 사회 전체의 변혁을 이끄는 동력이 되고 있다.

핵심 코칭 포인트

사우디의 교육 개혁은 양적 팽창을 넘어 질적 전환을 추구하고 있다. 기업은 대학과의 전략적 파트너십, 사우디화 정책의 적극적 활용, 여성 인재 확보, TVET 졸업생 활용 등 다각화된 인재 확보 전략을 통해 현지화와 경쟁력 강화를 동시에 달성해야 한다. 특히 정부 인센티브를 활용한 장기적인 인재 육성과 여성 친화적 근무 환경 조성이 경쟁 우위의 핵심이 될 것이다.

사회복지 제도와
노동시장 지원

　사우디아라비아의 사회복지 제도는 단순히 국민의 기본적 생활을 보장하는 데 그치지 않고 노동시장 구조와 기업 운영 방식에까지 직접적인 영향을 미치고 있다. 복지 정책은 사회 안전망 역할을 넘어 경제활동 전반에서 중요한 조정 기능을 수행한다. 석유 수입을 기반으로 구축된 이 관대한 복지 시스템은 표면적으로는 북유럽 복지국가들을 능가하는 혜택을 제공하고 있지만 그 이면에는 사우디 노동시장만의 독특한 이중구조가 존재한다.

▌의료 복지의 빛과 그림자

사우디의 의료 시스템은 자국민과 외국인을 명확히 구분하며 이렇게 이원화된 구조는 기업 운영에 직접적인 영향을 미친다. 자국민은 보건부 산하 병원에서 모든 의료 서비스를 무상으로 제공받는다. 진료비는 물론 수술비, 입원비, 약제비까지 정부가 부담하며 국내 치료가 어려우면 해외 치료비와 환자·보호자의 항공료까지 지원한다.[70]

그러나 현실은 이상과 다르다. 공립병원의 서비스 질은 기대에 못 미치고 대기 시간이 길어 경제적 여유가 있는 사우디인들은 민간 병원을 선호한다. 이는 기업에게 예상치 못한 부담을 안긴다. 우수한 인재를 유치하려면 기본 급여 외에도 고급 민간 의료보험을 추가로 제공해야 하기 때문이다.

외국인 근로자의 상황은 더 복잡하다. 이들은 의무적으로 민간 의료보험에 가입해야 하며 그 비용은 전액 고용주가 부담한다. 의료보험 미가입은 즉각적인 벌금과 사업 제재로 이어지므로 외국계 기업의 인건비 구조는 필연적으로 복잡해진다.

이러한 복잡함 속에서도 희망적인 변화가 나타나고 있다. 의료 시스템의 디지털 전환이 그것이다. 세하티^Sehhaty를 통한 가상 의사 예약은 이미 380만 건을 넘었고 모위드^Mawid 앱 사용자는 400만 명에서 2,500만 명으로 폭발적으로 증가했다. 예약 건수만 800만 건에서 1억 건으로 급증했다. 특히 세하^Seha 가상병원은 연간 40만 명의 환자를 수용하면서 왕국 전국의 152개 병원을 지원하는 핵심 인프라로 자리 잡았다.[71] 이러한 디지털 헬스 플랫폼의 확산은 기업이 직원들의 의료 접근성을 개선하면서도 비용을 절감할 새로운 기회를 주고 있다.

▌ 주택 정책이 만들어낸 의외의 함정

사우디 정부의 주택 정책은 놀라운 성과를 거두고 있다. 2016년 47%에 불과했던 주택 보유율은 2024년 말 65.4%까지 상승했고 2030년까지 70% 달성이 가시권에 들어왔다.[72] 이는 비전

2030의 가장 가시적인 성과 중 하나로 평가받는다.

이러한 성과의 중심에 사카니^{Sakani} 프로그램이 있다. 2017년 출시된 이 디지털 플랫폼은 주택 신청부터 자격 심사, 대출 지원, 분양 정보 확인까지 전 과정을 통합·관리한다. 정부는 무이자 또는 저리 대출을 제공하고 100만 리얄 이하의 첫 주택 구매자에게는 부동산 처분세를 면제해준다. 최소 계약금도 30%에서 5%로 대폭 인하되어 젊은 층의 주택 구매가 현실적으로 가능해졌다. 2024년 3월 한 달 동안만 9억 6,300만 리얄이 사카니 수혜자들에게 지급되었고 2017년 이후 누적 지원액은 575억 리얄에 달한다.

그러나 이러한 성공 스토리에도 예상치 못한 부작용이 숨어 있다. 정부 지원 주택의 대부분이 도시 외곽에 위치해 직장까지 거리가 멀어 노동력의 지리적 이동성을 크게 제한한다. 더 중요한 문제는 주택 소유가 정부 지원에 크게 의존하는 구조가 사우디 청년들의 직업 선택에까지 영향을 미친다는 점이다. 안정적인 정부 지원을 받을 수 있는 공공부문 일자리가 도전적이지만 불확실한 민간부문보다 매력적으로 보이는 것이다. 기업 입장에서는 이러한 현실을 감안해 주택 수당을 필수적으로 제공해야 하는 추가 부담을 안게 된다.

▌ 실업 지원이 만든 역설적 상황

2014년에 도입된 SANED 실업보험 Unemployment Insurance 제도는 사우디 사회복지 역사의 전환점이다.[73] 이 제도는 일정한 기간 이상 정규직으로 근무한 사우디 국민이 실직하면 일정 기간 동안 소득을 보전해주는 시스템이다. 전통적으로 가족이나 부족 공동체에 의존하던 사회 안전망에서 국가가 직접 개입하는 구조로 발전한 획기적 변화였다. 이를 통해 실직에 대한 불안을 줄이고 노동시장 참여를 유도하려는 정책적 의도가 반영되었다.

비자발적으로 일자리를 잃은 사우디 국민은 최대 12개월 동안 실업수당을 받을 수 있다. 첫 3개월은 과거 2년간 평균 임금의 60%(최대 9,000리얄), 이후 9개월은 50%가 지급된다. 2024

년 사우디 국민의 실업률은 역대 최저인 7%를 기록했고 청년과 여성 실업률은 4년 만에 절반으로 감소해 이 제도는 분명히 긍정적인 성과를 거두었다.

그러나 이 성공의 이면에는 복잡한 현실이 있다. SANED 수급자는 공공취업센터를 통해 의무적으로 구직 활동을 해야 하고 일부는 직업훈련 프로그램에 참여해야 한다. 문제는 많은 사우디 청년이 이러한 복지 혜택에 안주하면서 힘들거나 임금이 낮은 직종을 기피한다는 것이다. 실업수당이 있으니 원치 않는 일자리를 굳이 선택할 필요가 없다고 생각하는 것이다.

연금제도도 비슷한 고민을 안고 있다. 사우디 직원의 경우, 총 21.5%의 사회보험료가 부과되는데 근로자가 9.75%, 고용주가 11.75%를 부담한다. 이 제도는 민간부문 사우디 근로자의 노후를 보장해주지만 외국인 근로자는 완전히 배제된다.

이러한 구조는 기업에게 복잡한 과제를 던진다. 사우디화 정책으로 의무 고용 비율을 맞추면서도 높은 사회보험료 부담과 복지에 익숙한 사우디 근로자들의 상대적으로 낮은 생산성 사이에서 균형점을 찾아야 하기 때문이다. 부문별 할당 기준을 충족시키지 못하면 정부 조달 기회를 잃고 신규 취업 비자 발급이 중단되는 위험도 감수해야 한다.

▌ 비전 2030이 그리는 새로운 미래

사우디 정부는 자국의 복지 시스템이 안고 있는 구조적 문제를 정확히 인식하고 있으며 이를 해결하기 위한 복지 시스템 개혁을 적극 추진 중이다. 비전 2030 틀 안에서 진행 중인 이러한 개혁은 단순한 재정 지출 축소를 넘어 지속가능한 경제 구조를 만드는 것이 목표다. 그 일환으로 공공병원 운영의 일부를 민간 부문에 위탁하고 민관합작투자사업 Public Private Partnership, PPP 모델을 도입하는 등 공공 서비스의 효율성을 높이려는 노력이 시작되었다. 이는 복지 시스템이 국가 재정에 부담을 주는 구조에서 벗어나 민간의 역량을 활용하는 더 유연하고 지속가능한 방향으로 전환되고 있음을 보여준다.

더 주목할 변화는 디지털 기술을 활용한 복지행정의 혁신이다. 통합복지기록시스템은 연금, 실업, 소득, 세금 기록을 하나로 묶어 중복 수급을 방지하고 정교한 대상 선별을 가능케 한다. AI 기반 감사 시스템은 고용 기록, 비자 상태, 급여 데이터를 실시간으로 교차 검증해 규정 위반을 즉시 적발한다. 임금보호시스템 Wage Protection System, WPS은 모든 급여 지급을 투명하게 모니터링해 근로자의 권익과 기업의 규정 준수를 동시에 추구한다.[74]

2025년 비석유 부문의 실질 GDP 성장률이 3.4%로 예상되는 가운데 사우디는 보편적 혜택에서 선별적 복지로, 국가 주도에서 민간 참여로 전환을 가속화하고 있다. 이러한 변화는 외국계 기업에게 새로운 기회와 도전을 동시에 제공한다. 디지털화된 행정 시스템과 투명한 규제 환경은 사업의 예측가능성을 높여주지만 복지 규정 준수 부담은 증가하고 있다. 사우디 근로자들의 높은 기대 수준과 실제 생산성 간 격차를 관리하는 것도 과제로 남아 있다.

핵심 코칭 포인트

사우디의 복지 제도는 외국계 기업에게 이중 과제를 안긴다. 사우디 직원의 실질 인건비는 명목 급여의 1.5배를 넘고 복지에 익숙한 근로자들의 성과 중심 문화 적응은 쉽지 않다. 그러나 이를 단순 비용이 아닌 '시장 진입을 위한 필수 투자'로 인식하고 디지털 헬스케어 활용, 성과 인센티브 설계, 현지 맞춤형 동기부여 체계 구축으로 전략적으로 대응한다면 사우디의 복지 제도는 걸림돌이 아닌 디딤돌이 될 수 있다.

PART 6

거시적 경제 환경의 흐름과 미래 전략

경제를 설계하는 힘, 정부의 전략과 개입

 사우디아라비아 정부의 수입과 지출 비율은 기업 경영에 직·간접적으로 영향을 미치는 핵심 변수다. 사우디는 석유 수출을 통한 수입에 의존해왔고 이 수입 구조가 정부의 재정 운용 방식을 규정한다. 특히 최근 몇 년간 비전 2030 프로젝트 같은 대규모 투자로 인해 재정 지출이 증가하고 있다. 정부 지출 비중이 크고 다양한 산업에서 국가가 핵심 소비자 및 투자자 역할을 하는 상황에서 기업 경영자들은 국가 재정 흐름을 세심히 분석해 그에 맞춘 정교한 전략을 수립해야 한다.

▎석유 수입 중심의 정부 재정과 그 영향

사우디 정부 수입의 70~80%는 원유 수출에서 발생하며 여기에 국영기업 배당금, 관세, 일부 세금이 더해진다. 유가가 상승하는 시기에는 막대한 석유 수입으로 정부 재정이 풍부해지므로 대규모 인프라 투자, 공공부문 고용 창출, 각종 보조금 지급이 활발히 이루어진다. 반대로 유가가 하락하면 정부 수입이 급감하면서 지출 조정이 불가피해진다. 이러한 구조적 특성은 민간 기업의 매출 흐름, 계약 안정성, 투자 회수 가능성 등과 직결되므로 기업 경영자는 사우디 정부의 수입 구조가 단기적인 유가 흐름에 민감하게 반응한다는 점을 인식해야 한다.

예를 들어, 유가가 급등한 해에는 정부 예산이 확대되면서 공공부문 프로젝트가 대거 발주되어 건설, 엔지니어링, 기술, 통신, 금융 산업의 수주 기회가 크게 늘어난다. 그러나 유가가 하락하면 예정되었던 예산 집행이 축소되거나 보류되는 경우가 많아 공공부문 수주 비중이 높은 기업들은 타격을 받을 수밖에 없다.

고정 지출 구조와 정책적 우선순위

사우디 정부의 지출은 일반적으로 GDP의 약 35~40% 수준으로 세계 평균을 크게 웃돈다.[75] 이는 국가가 경제 성장의 중심 주체로서 중요한 역할을 하고 있음을 보여준다. 이처럼 높은 지출 비율은 기업에게 일정한 수요 기반을 제공하는 동시에 정부 재정 여건 변화가 민간 경제에 미치는 영향도 크다는 것을 시사한다.

지출 항목은 국방, 공공행정, 사회복지, 교육, 의료, 인프라 구축, 에너지 전환 등 매우 다양하다. 특히 비전 2030 이후에는 문화·관광 산업, 첨단 기술, 친환경 에너지, 스마트시티 등 비석유 분야의 투자 비중이 증가하고 있다. 정부가 재정 지출을 통해 특정 산업에 대한 우선순위를 명확히 제시하고 있으므로 기업들은 이러한 방향성을 파악하고 전략을 세우는 것이 중요하다. 정부가 어디에 돈을 쓰느냐는 곧 시장이 어디로 형성되느냐를 의미하기 때문이다.

▮ 수입·지출 비율이 경영에 미치는 함의

정부의 수입 대비 지출이 과도하게 높아지면 즉, 재정수지가 악화되면 조세 확대, 보조금 축소, 공공부문 프로젝트 축소 등 긴축 정책이 도입될 수 있다. 사우디는 2015~2016년 유가 급락기에 재정 적자를 감당하기 위해 대규모 보조금 삭감, 공공부문 급여 삭감, 일부 인프라 프로젝트 연기를 단행했다.[76] 이는 당시 정부와 계약을 맺었던 다수의 민간 기업에 재무적 부담과 경영 불확실성을 안겨주었다.

이러한 사례에서 보듯이 정부의 수입·지출 비율은 기업의 재무 전략, 인력 충원 계획, 자산 투자에 큰 영향을 미친다. 예산이 확대되는 시기에는 공격적인 사업 확장이 가능하지만 재정수지가 나빠지는 국면에서는 현금 흐름 안정성 확보, 운영비 절감, 정부 발주 의존도 축소 같은 보수적 경영 전략이 필요하다.

▌기업의 대응 전략

사우디 정부의 수입·지출 비율은 거시경제 지표일 뿐만 아니라 민간 기업의 경영 전략에 깊이 관여하는 실질적 기준이다. 기업들은 다음과 같은 대응 전략이 필요하다.

첫째, 정부 예산안과 정책 방향을 정기적으로 분석하는 체계를 갖추는 것이 바람직하다. 재무부와 경제기획부에서 발표하는 자료를 통해 예산 배분 구조, 재정수지, 산업별 투자 우선순위를 파악할 수 있다.

둘째, 공공사업 의존도가 높은 기업일수록 민간부문 수요 개발이나 수출시장 개척을 통해 수익 구조 다변화를 시도해야 한다. 이러한 전략은 재정이 축소되는 기간에도 기업 손익을 방어하기 위해 반드시 수립해야 한다.

셋째, 정부의 지출 방향과 일치하는 분야에 선제적으로 진입함으로써 정책연계형 시장에서 우위를 점할 수 있다. 예를 들어,

정부가 녹색 에너지나 관광 산업에 집중하고 있다면 관련 분야로의 진입은 중장기적으로 유리한 전략이 될 수 있다.

정리하면 사우디 정부의 수입·지출 비율은 국가 재정의 건전성을 나타내는 지표를 넘어 기업의 수익 구조, 성장 전략, 위험 관리 방식을 결정짓는 주요 요인이다. 정부 수입이 풍부하고 지출이 안정적으로 유지되는 시기에는 기업도 성장할 기회를 누릴 수 있지만 재정수지가 악화되면 민간부문 전체에 타격이 전이될 수 있다. 따라서 기업은 이러한 거시경제 흐름을 읽고 그에 발맞춘 전략적 경영을 통해 시장의 변화에 유연하게 대처해야 한다.

> **핵심 코칭 포인트**

사우디 같은 정부 중심 경제 구조에서는 정부의 수입·지출 비율이 기업의 수익 구조와 성장 전략에 큰 영향을 미친다. 재정이 안정되면 기업에게도 기회가 열리지만 재정수지가 악화되면 민간부문 전반에 타격이 전이될 수 있다. 따라서 기업은 정부 재정 흐름을 주의 깊게 살피고 그에 맞춘 전략적 대처가 필요하다.

경제혁신을 이끄는
민영화의 도전과 기회

　최근 주목받는 주요 흐름인 '민영화'는 정부의 경제 개입을 최소화하는 조치다. 정부가 민영화를 추진하는 이유는 우선 정부 소유 기업이 민간 기업보다 효율성이 떨어지기 때문이다. 그리고 다른 이유는 정부 소유 기업의 비효율적 경영으로 인해 초래된 적자를 국민 세금으로 충당하는 것은 경제적으로 바람직하지 않기 때문이다. 이러한 정부 민영화 수준이 높을수록 기업의 경영활동은 더 자유로워진다.

사우디아라비아는 비전 2030 프로젝트의 일환으로 국영기업의 민영화, 공공부문 서비스의 민간 위탁, 외국인 투자 확대 등을 추진 중이다. 특히 석유 의존도를 낮추고 비석유 부문의 경제를 성장시키기 위해 다양한 산업에서 민영화가 진행되고 있다.

민영화가 기업 경영에 주는 시사점

사우디 정부는 석유 수출에 크게 의존하는 경제구조에서 벗어나기 위해 비전 2030을 내세우며 민영화 정책을 펴고 있다. 이는 국가 재정의 안정성과 경제 다각화를 목표로 할 뿐만 아니라 공공부문의 효율성 증대와 민간부문의 경쟁력 강화를 동시에 추구한다. 사우디 정부는 민영화를 통해 재정 부담을 줄이고 민간기업의 창의성과 혁신을 경제 성장의 동력으로 활용하려는 전략을 구사하고 있는 것이다.

대표적인 민영화 사례로 2019년 아람코의 세계 최대 규모의 기업공개[IPO]를 들 수 있다. 아람코 지분의 일부를 민간과 해외 투자자에게 공개함으로써 자본 조달과 함께 글로벌 시장에서의 경쟁력을 강화했다. 이를 통해 민간부문은 에너지 산업 내 투자와 사업 참여 기회를 확장할 수 있었다.

리야드 국제공항과 제다 킹압둘아지즈 국제공항의 민영화도 주목할 만하다. 공항 운영권을 민간 기업에 위탁함으로써 서비스 품질 향상과 운영 효율성을 도모하고 있다. 이 과정에서 글로벌 항공사와 물류 기업들이 적극 참여해 운영 경험과 노하우를 현지에 전수하며 현지 경제에 활력을 불어넣고 있다.

교육과 의료 분야에서도 민영화가 빠르게 진행 중이다. 사우디의 대형 민간 병원 그룹인 '알하마디병원그룹'Al Hammadi Hospital Group은 민영화 흐름 속에서 급성장했고 정부와 협력해 공공의료 서비스의 질적 향상에도 상당 부분 기여하고 있다. 민간 교육기관들도 정부의 위탁 운영사업에 참여해 전문성과 운영 효율성을 인정받고 있다.

▌정부의 역할 변화와 민간 기업의 경쟁 환경

민영화 이전에는 정부가 산업 내 사실상 독점자이자 유일한 수요처 역할을 해 기업들은 정부 발주에 의존하는 수주형 경영을 주로 했다. 그러나 민영화가 확대됨에 따라 정부는 정책 수립과 감독자 역할에 집중하고 민간부문은 자율적이고 경쟁적인 시장 환경에서 경쟁력을 발휘해야 한다.

사우디 수도전력청과 수도관리공사가 추진하는 '수도 인프라 민영화 프로젝트'에서는 다국적 기업들이 입찰 경쟁을 벌이고 있다. 입찰에 참여한 기업들은 단순 수주에만 집중하지 않고 기술혁신과 관리 효율성 향상 방안을 적극 제시하며 고객 중심 서비스 구현을 위해 새로운 경영 방식을 도입하는 등 경쟁이 치열해지고 있다.

민영화 초기에는 법적·제도적 불확실성, 정책 변동 가능성, 계약 조건의 모호성 등으로 인한 리스크가 있다. 2017년 사우디 정부가 민영화 사업에서 일정 지연과 조정 문제를 겪으면서 일부 사업이 연기된 사례가 있다.[77] 이처럼 정책의 일관성이 확보되기 전에는 투자와 운영에 신중히 접근할 필요가 있다.

 기업들은 이러한 리스크를 관리하기 위해 현지 파트너와 협력 관계를 더 견고히 구축하며 철저한 법률 검토와 단계별 투자 전략 등을 면밀히 수립하고 있다. 예를 들어, 아람코 IPO에도 해외 투자자와 현지 대기업 간 컨소시엄이 구성되어 리스크 분산과 정보 공유가 이루어졌다.

 사우디 민영화는 기업에게 새로운 성장 무대를 제공하는 동시에 경쟁과 혁신을 강제하는 환경 변화를 의미한다. 정부 중심 계획경제에서 시장 주도 자율경제로 전환하는 과정에서 기업은 단순한 수주 중심에서 벗어나 고객 가치 창출과 지속가능한 경영 모델 구축에 집중해야 한다. 이는 자본 조달 방식의 다양화, 고급 인재 확보, 기술 개발 투자, 브랜드 신뢰도 향상 등 종합적인 역량 강화를 요구한다. 사우디 민간 병원들이 전문 의료인력을 적극 영입하고 첨단 의료기술 도입에 앞장서는 현상이 민영화에 따른 경영 혁신의 좋은 사례다.

정리하면 사우디에서 진행 중인 민영화는 경제 다각화와 더불어 지속가능한 성장 기반을 마련하기 위한 핵심 전략이다. 기업들은 정부의 정책 동향과 시장 변화를 예의주시하며 민영화 과정에서 발생할 수 있는 리스크를 체계적으로 관리하는 한편, 새로운 기회를 적극 활용해야 한다. 특히 아람코 IPO, 공항 민영화, 의료·교육 부문의 사례들은 민영화가 단순한 정부 자산 매각을 넘어 국가 경제와 기업 경영의 패러다임 전환을 가져오는 과정임을 보여준다. 앞으로도 사우디 민영화는 기업에게 도전이자 기회가 될 것이며 이를 선도하는 기업만 시장에서 지속가능한 경쟁 우위를 확보할 수 있을 것이다.

> **핵심 코칭 포인트**

사우디 민영화는 경제 다각화와 지속가능한 성장을 위한 핵심 전략으로 기업들은 그에 따른 정부의 정책 변화와 시장 흐름을 면밀히 살펴야 한다. 아람코 IPO, 공항, 의료·교육 분야의 사례처럼 민영화는 단순한 자산 매각이 아닌 경제와 경영의 구조적 전환을 의미한다. 기업은 리스크를 관리하고 기회를 선점함으로써 경쟁 우위를 확보할 수 있다.

번영의 척도,
1인당 국민소득의 의미

1인당 국민소득은 '국민총소득'을 총 국민 수로 나눈 값으로 국가의 소득 수준을 보여주는 대표적 지표다. '국민총소득'은 국가의 경제 주체인 가계, 기업, 정부가 일정 기간 동안 생산한 총 부가가치를 시장가격으로 평가해 합산한 지표로 한 국가의 소득 구매력을 나타낸다.

1인당 국민소득을 기업에서 중요한 지표로 관리하는 이유는 바로 국가의 구매력을 평가할 수 있기 때문이다. 사우디의 1인당 국민소득 GDP per capita은 석유 수출, 비전 2030 프로젝트와 같은 경제 개혁, 인구 증가 등의 영향으로 인해 변동하고 있다.

사우디의 1인당 국민소득 GNI per capita은 고소득 국가에 근접한 수준으로 2024년 기준 2만 7천~3만 달러로 추정된다. 이는 석유 수출에 기반한 높은 국민총소득을 반영한 수치로 인구 대비 국가 전체 소득의 평균적 분배 상태를 나타낸다. 그러나 이 수치는 단순 평균이며 실제로는 고소득층과 저소득층 사이에 격차가 존재한다. 사우디 내에는 여전히 외국인 저임금 노동자 집단과 왕족·상류층의 소비 간극이 크고 중산층 비중은 서구 선진국에 비해 상대적으로 낮다. 따라서 이 수치를 기업 경영에 적용할 때는 표면적 수치 너머의 구조적 해석이 필요하다.

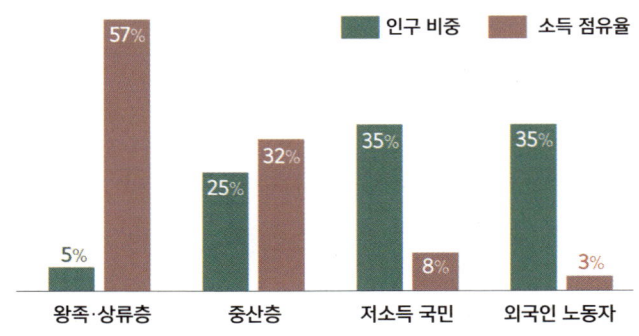

사우디아라비아 소득 불평등 구조[78]

소비시장의 이중 구조와 기업 전략

1인당 국민소득이 높다는 것은 원칙적으로 개인당 소비 여력이 크다는 것을 의미한다. 기업 입장에서는 소비재 시장이 탄탄하고 프리미엄 제품에 대한 수요가 존재할 가능성이 크다는 것을 의미한다. 실제로 사우디 대도시인 리야드, 제다, 담맘 등에서는 고급 자동차, 명품 패션, 전자제품, 프랜차이즈 외식 산업이 활발히 성장 중이다. 벤츠, BMW, 애플 등의 브랜드는 사우디 시장에서 충성 고객층을 확보하고 있으며 프랑스와 이탈리아 명품 브랜드도 주요 쇼핑몰에 진출해 있다. 이러한 현상은 일정 수준 이상의 소득 계층이 안정적으로 존재함을 보여준다. 그러므로 프리미엄 제품이나 브랜드 전략이 효과적일 수 있으며 기업은 타깃 세분화를 통해 고소득층을 겨냥한 맞춤형 제품, 서비스, 경험 제공에 집중할 수 있다.

그러나 사우디 시장의 특징은 지역별 소득 불균형, 내국인과 외국인 간 뚜렷한 소득 격차다. 사우디의 1인당 국민소득은 전국 평균이지만 지역 간 격차가 존재한다. 리야드, 석유산업이 집중된 담맘 동부 지역, 메카, 제다 지역은 평균 소득이 높지만 내륙 지역이나 농업 지역은 상대적으로 구매력이 낮다. 기업들은 이러한 소득 분포를 고려해 시장을 지역별로 세분화하고 지역 맞춤형 가격 전략과 유통 구조를 설계해야 한다.

예를 들어, 동부 지역에서는 고급 의료 서비스, 교육, 스마트홈 기술, 친환경 자동차 수요가 높은 반면, 농촌 지역에서는 가격 경쟁력이 더 중요할 수 있다. 전국 단일 전략보다 지역별 소득 수준과 소비문화에 맞춘 차별화된 비즈니스 모델이 더 큰 성과를 거둘 수 있다.

한편, 내국인과 외국인 소비자층을 나누어 살펴볼 필요가 있다. 전체 인구의 30~35%를 차지하는 외국인 노동자들은 대체로 중저소득층에 속한다. 고소득 내국인 소비자층과 저소득 외국인 노동자층이 공존하는 이중구조를 형성한다.[79] 기업 경영자는 이러한 구조를 감안해 제품과 서비스의 이원화 전략을 취할 수 있다. 패스트푸드 업계는 고급 메뉴와 저가형 메뉴를 동시에 운영하고 통신사는 프리미엄 요금제와 저가 요금제를 병행해 시장을 분할 공략하고 있다. 이러한 소득층 이원화에 따른 포지셔닝 전략은 사우디 시장에서 매우 효과적인 접근법이다.

▎소득 변동성과 지속가능 성장 전략

1인당 국민소득이 높다는 것은 소비시장으로서의 매력뿐만 아니라 기업의 인재 채용과 인건비 구조에도 영향을 미친다. 사우디 정부는 내국인 고용 확대를 위해 '사우디제이션' 정책을 강화하고 있으며 고소득자 중심의 노동시장 구조는 기업이 고급 인력에게 더 높은 보상을 제공할 필요성을 시사한다.

기업 입장에서는 현지의 고숙련 인재를 확보하기 위한 교육 투자, 인사관리 시스템 강화, 복지정책 설계가 요구된다. 동시에 저임금 외국인 노동력을 활용하는 산업에서는 비자 제도, 고용 안정성, 숙소·복지 등 종합적인 인력 관리 전략을 세심히 수립해야 한다.

더 중요한 것은 사우디의 1인당 국민소득이 석유 수입에 크게 좌우된다는 점이다. 유가가 상승하면 GNI가 오르고 1인당 국민소득도 동반 상승한다. 그러나 유가 하락기에는 재정 긴축과 소비 위축이 동시에 발생하며 중산층과 저소득층의 소비 여력에 타격을 입힌다. 기업은 이러한 국민소득 변동성을 고려해 단기 수익뿐만 아니라 중장기 수요 기반도 철저히 분석해야 한다. 경제 다변화 정책에 맞춘 신산업 분야 진입을 위한 전략 수립도 병행해야 한다.

사우디의 1인당 국민소득은 단순한 지표를 넘어 기업이 시장 규모, 소비 성향, 가격 전략, 인재 관리, 리스크 분석을 설계하는 데 실질적인 가이드 역할을 한다. 이 지표를 단순히 '높다', '낮다'로 평가하는 것이 아니라 지역, 계층, 산업별로 분해해 정교하게 분석·적용해야 성공 가능성이 높아진다.

프리미엄 브랜드는 고소득층 공략에, 내구재 기업은 중산층 확대 흐름에, 서비스 기업은 외국인 노동자의 수요에 각각 주목할 수 있다. 1인당 국민소득은 기업 경영자의 '시장 독해력'을 시험하는 지표이며 이를 제대로 해석하는 기업은 사우디 시장에서 지속가능한 성장을 확보할 수 있다.

> **핵심 코칭 포인트**

사우디의 1인당 국민소득은 단순한 수치를 넘어 기업이 시장 규모, 소비 성향, 가격 전략 등을 설계하는 핵심 지표다. 이 수치를 지역·계층·산업 별로 정밀하게 분석해 활용하는 능력이 기업의 성패를 좌우한다. 프리미엄 브랜드, 내구재, 서비스업 등 각 업종은 소득 구조에 따라 차별화된 전략이 필요하며 이를 정확히 해석하는 기업이 지속가능한 성장을 이룰 수 있다.

성장을 향한 질주,
경제 성장

　경제 성장은 앞으로 기업이 어느 정도의 수익을 거둘 수 있을지, 그리고 어느 정도의 경쟁이 예상되는지를 가늠하는 지표다. 일반적으로 경제성장률이 높은 국가나 지역에서는 기업의 수익이 늘어나고 이와 더불어 산업성장률도 높아지므로 경쟁 강도는 낮아지는 경향이 있다.

　경쟁 강도에 영향을 미치는 요소로 첫째, '산업성장률'이 있다. 산업성장률이 낮을수록 경쟁 강도는 높아진다. 포화된 시장에서 경쟁해야 하기 때문이다. 둘째는 '경쟁자 수'다. 경쟁자가 많을수록 경쟁 강도가 높아지지만 어떤 산업에서는 경쟁자 수가 적다고 해서 반드시 경쟁 강도가 낮아지는 것은 아니다. 정부 규제가 강한 통신 산업의 경우, 경쟁자 수가 적어도 시장이 포화되어 경쟁은 치열하다. 셋째는 '제품의 차별성'이다. 제품의 차별성이 없으면 구매자가 선택할 수 있는 범위가 넓어져 경쟁이 치열해진다. 더욱이 차별화되지 못한 제품은 수시로 교체되므로 즉, 교체 가능성과 빈도가 높아지므로 자연스럽게 경쟁 강도는 높아진다. 넷째는 '철수장벽'이다. 고정비가 높아 쉽게 철수할 수 없을 때와 같이 철수장벽이 높을 때 경쟁은 치열해진다.

사우디아라비아는 석유 기반 경제에서 벗어나기 위해 비전 2030 개혁 정책을 추진하면서 빠르게 변화하고 있다. 최근 몇 년간 고유가와 대규모 인프라 투자 덕분에 강력한 경제 성장을 보여왔지만 석유 의존도, 개혁 속도, 지정학적 리스크 등이 향후 경제 성장의 변수로 작용할 수 있다.

▍성장 동력과 구조적 한계

최근 몇 년간 사우디는 높은 국제 유가와 정부 주도의 대규모 인프라 투자 덕분에 강력한 경제 성장을 이루었다. 특히 2022년 이후 국제 유가가 배럴당 80~100달러를 오가며 석유 수출입이 급증했고 이를 바탕으로 정부는 다양한 프로젝트를 대대적으로 추진했다. 대표적으로 네옴 프로젝트, 리야드 메트로, 레드씨 관광단지 등은 세계적 규모의 인프라 사업으로 사우디 내외 기업들에게 엄청난 사업 기회를 제공하고 있다.

이러한 고성장 환경은 기업 경영에서 기회의 확대로 이어진다. 공공부문이 대규모 자본을 투입해 신산업을 육성하고 민간 기업에게 프로젝트를 발주하면서 건설, 기술, 물류, 교육, 의료 등 다양한 분야에서 시장 진입 가능성이 커졌다. 글로벌 컨설팅 기업, 건설사, 기술 스타트업 등이 앞다투어 사우디 시장에 진출하는 이유가 바로 여기에 있다.

그러나 이러한 성장은 석유 수출 수익에 여전히 크게 의존하고 있다. 사우디의 GDP, 정부 재정, 외환보유고는 석유 가격과 밀접하게 연동되며 유가 하락은 경제 전체에 타격을 입힐 수 있는 구조다. 2014~2016년 국제 유가가 급락했을 때 사우디 정부는 대규모 재정 적자와 함께 보조금 축소, 공공 프로젝트 연기, 공무원 급여 조정 등의 긴축 정책을 단행해야 했다.

기업 입장에서는 이러한 유가에 따른 경기 변동성을 리스크로 인식해야 한다. 유가가 높을 때는 정부 지출이 늘고 수주 기회도 많지만 유가가 하락하면 프로젝트 취소나 지연, 대금 지급 지연 등이 발생할 수 있다. 따라서 기업은 수익 모델을 다변화하고 공공 부문 의존도를 축소하며 시장별 포트폴리오를 분산하는 등의 전략을 병행해야 한다. 특히 공공 부문 프로젝트에 집중하는 기업이라면 현금흐름 관리와 계약 조건을 명확히 해 리스크를 적극 관리해야 한다.

▍개혁의 현실과 불확실성 관리

사우디는 비전 2030을 통해 석유 이외 산업의 육성을 적극 추진 중이지만 이러한 구조 개혁은 장기적 과제임을 잊어서는 안 된다. 현재 사우디 정부는 행정 개편, 노동시장 유연화, 교육 시스템 혁신, 여성의 경제활동 확대 등 다양한 개혁 조치를 동시에 추진 중이다. 그러나 이행 속도는 정부의 정책 역량, 사회적 수용성, 관료 시스템의 효율성에 따라 크게 달라질 수 있다.

기업 경영자 입장에서는 이러한 개혁이 '어느 시점'에 '어느 정도'까지 실현될 것인가에 따라 사업 전략을 유연하게 조정해야 한다. 예를 들어, 외국인 투자 관련 규제는 점진적으로 완화되고 있지만 일부 산업에서는 여전히 진입 장벽이 존재하거나 정부 승인 절차가 복잡하다. 기업은 정책 리스크를 반영해 단기 및 중장기 사업계획을 구분하고 개혁 추진 상황을 수시로 모니터링해야 한다.

개혁과 더불어 고려해야 할 또 다른 변수는 지정학적 리스크다. 사우디는 복잡한 지정학적 환경 속에 있다. 이란과의 긴장 관계, 예멘 내전, 홍해 해상 운송 리스크, 미국과의 전략적 균형 문제 등 다양한 지정학적 변수가 존재한다. 홍해에서의 해상 충돌이나 무장 세력의 공격은 물류비용 증가와 공급망 차질로 이어질 수 있으며 이는 사우디에 진출한 제조기업이나 물류기업에 직접적인 피해를 줄 수 있다.

기업은 이러한 지정학적 리스크를 경영 계획에 반영해야 한다. 특히 공급망 다변화, 보험 가입 확대와 함께 현지의 정치적 리스크에 대한 컨설팅 활용 등 다양한 영역에서 잘 수립된 전략을 통해 위험을 분산할 수 있다. 또한, 현지 파트너사와의 협업을 강화해 정보를 공유하고 위기 상황에 신속히 대응할 수 있는 커뮤니케이션 체계를 갖추는 것도 매우 중요하다.

▌지속가능한 성장을 위한 전략적 접근

사우디의 경제 성장 전망은 단기적으로는 유가와 정부 지출로 결정되지만 장기적으로는 개혁의 성공 여부와 지정학적 안정성에 달려 있다. 기업은 이러한 거시적 흐름을 단순히 외부 변수로만 보지 말고 경쟁 우위를 확보하기 위한 분석 도구로 활용해야 한다. 즉, 단기적 기회에만 의존하지 않고 비석유 산업에서의 자생력을 확보하면서 지역별 고객 기반을 확대하고 ESG 기반 경영체계를 구축하는 전략을 병행해야 한다. 사우디의 성장 잠재력이 큰 것은 분명하지만 이는 치밀하게 준비된 기업만 실현할 수 있는 기회임을 알아야 한다.

사우디는 전 세계에서 가장 주목받는 신흥 투자 시장 중 하나인 동시에 불확실성과 리스크가 가장 큰 시장이다. 높은 유가와 대규모 인프라 투자로 단기적으로 화려한 성장을 이어가는 이면에는 석유에 대한 과도한 의존, 개혁 속도의 불균형, 지정학적 변수라는 구조적 리스크가 있다.

기업 경영자는 사우디 경제를 지나치게 낙관하거나 회피하지 않고 균형적인 시각으로 접근해야 한다. 기회가 있는 곳에는 반드시 위험이 따른다는 원칙하에 정부 정책을 면밀히 분석하고 현지 시장을 정확히 이해하는 한편, 파트너십에 대한 견실한 협력 관계를 구축하고 시나리오 기반의 전략 수립을 통해 기회는 극대화하고 리스크는 최소화하는 전략적 대응이 요구된다. 이것이 바로 사우디 시장에서 지속가능한 성장을 실현하는 핵심 경영 역량이다.

> **핵심 코칭 포인트**

최근 사우디는 국제 유가 상승과 대규모 인프라 투자로 강력한 경제 성장을 이어가고 있다. 네옴 프로젝트 등은 기업에게 큰 기회를 제공하지만 여전히 석유 수출에 의존하는 경제여서 유가 변동이 기업활동에 직접적인 영향을 미친다. 기업은 이에 대응해 수익 구조 다변화와 리스크 관리가 필요하다. 비전 2030을 통한 산업 다각화 개혁이 진행 중이지만 그 속도와 효과는 불확실하다. 기업은 정부의 정책 변화에 민감하게 대처하며 전략을 유연하게 조정해야 한다. 사우디는 지정학적 리스크가 큰 지역에 위치해 물류와 공급망에도 영향을 미칠 수 있으므로 이를 고려한 리스크 분산 전략과 현지 협업체계가 중요하다. 사우디는 기회와 리스크가 공존하는 시장으로 기업은 단기적 기회뿐만 아니라 장기적 경쟁력 확보를 위한 전략적 대응과 철저한 준비가 필요하다.

물가 상승의 도전과 대응

　물가 상승은 기업의 환율과 생활비용, 국가 경제 시스템의 신뢰도에 영향을 미친다. 일반적으로 선진국의 물가상승률은 낮고 개발도상국의 물가상승률은 높은 편이다. 물가상승률이 높으면 기업들은 난관에 부딪힌다. 그 이유는 첫째, 제품 가격을 정하기 어렵기 때문이다. 가격 설정이 어려울 뿐만 아니라 어렵게 설정한 가격마저 수시로 변동된다. 둘째, 기업 운영에 필요한 현금흐름을 어렵게 만들 수 있다. 동맥경화로 건강에 경고등이 켜지듯이 높은 물가상승률은 원활한 현금흐름을 방해한다. 셋째,

새로운 경영활동을 위한 투자를 위축시킬 수 있다. 넷째, 물가상승률이 높으면 물가 안정성이 저하되어 기업의 장기 전략 수립을 어렵게 만든다. 사우디아라비아는 비교적 안정적인 물가 수준을 유지해왔지만 최근 몇 년간 글로벌 경제 변화와 국내 경제 개혁 등의 영향으로 물가 상승이 나타나고 있다.

▍물가 상승 현황과 기업 경영에 미치는 영향

사우디아라비아의 최근 물가상승률은 연평균 소비자 물가지수 Consumer Price Index, CPI를 기준으로 2022년 약 2.5%, 2023년 약 2.3%, 2024년 약 2.5% 수준을 기록했다. 이러한 물가 상승의 주요 요인으로는 식료품과 에너지 가격 변동이 꼽힌다.[80]

일반적으로 국제 원자재 가격 변동에 따라 식료품 가격이 영향을 받는다. 사우디는 석유 수출국이지만 전기나 가스 등 일부 가공 에너지 제품은 가격 정책 변화에 따라 물가에 영향을 미친다. 식료품과 에너지 가격 변동 외에 임대료와 주거비 상승도 주요 요인으로 작용한다. 특히 리야드, 제다 등 대도시에서는 부동산 개발과 인구 증가로 주택 임대료가 급상승하고 있다. 경제 활성화와 외국인 근로자 유입으로 도시 지역의 주거비 부담이 커졌고 이는 물가 상승을 부추기는 요인이 되었다.

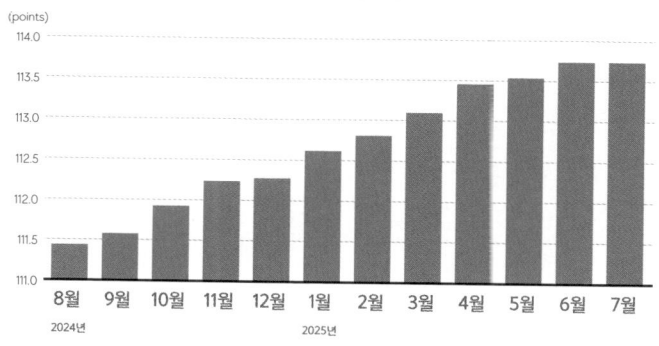

사우디아라비아 물가상승률

Source: General Authority for Statistics, Saudi Arabia

그밖에 비전 2030 정책으로 인한 경제 개혁의 영향으로 물가가 상승했고 5%에서 15%로 인상된 부가가치세^{VAT}도 물가 상승 요인으로 작용했다. 부가가치세 인상은 2020년 정부의 재정 확보를 위해 도입한 조치로 일부 상품과 서비스 가격 상승의 요인이 되었다.

전기·수도 등 공공요금 인상도 물가 상승에 한몫했다. 정부 보조금 축소가 물가 상승 압력을 가했고 세계 경제 요인과 글로벌 공급망 문제, 미국과 유럽의 금리 인상의 영향으로 일부 수입품 가격이 상승했다. 그러나 사우디 리얄[SAR]이 미국 달러[USD]에 고정되어 있어 통화가치 변동이 크지 않아 급격한 인플레이션은 막을 수 있었다.

기업 경영 측면에서 인플레이션은 가장 먼저 원가 상승 압력으로 작용한다. 특히 사우디는 원자재와 기계, 공산품 등 다수의 핵심 생산요소를 수입에 의존하므로 글로벌 물가 상승은 국내 물가로 빠르게 전이된다.[81] 제조기업은 원자재 비용, 운송비, 전기요금, 인건비 등의 부담이 커지고 건설업계는 철강, 시멘트, 유리 등 주요 자재의 단가가 인플레이션에 민감하게 반응하면서 장기 프로젝트의 수익성 예측이 어려워진다. 일부 기업은 원가 상승분을 제품 가격에 반영하지 못해 마진율이 줄어 손익분기점을 맞추지 못하는 상황도 발생한다.

이러한 상황에 대처하기 위해 기업은 공급망 다변화, 장기 계약을 통한 가격 안정, 원자재 재고 전략, 자동화 투자 등 다양한 방식으로 비용을 통제해야 한다. 특히 유통·서비스 산업에서는 고객의 가격 민감도가 높으므로 가격을 올리지 않으면서도 원가를 줄이는 운영 전략이 중요해진다.

▌기업의 대응 전략과 기회 포착

인플레이션은 단순히 비용뿐만 아니라 소비자 구매 심리에도 큰 영향을 미친다. 물가가 오르면 가계는 필수품 소비에 집중하고 고가 소비나 여가 소비는 줄이는 경향을 보인다. 특히 중산층 이하 가구는 생필품 가격 상승에 민감하게 반응해 유통, 외식, 문화, 레저 등 분야의 매출 둔화로 이어질 수 있다.

사우디에서도 15%의 부가가치세 인상 이후 식료품, 외식, 여행 소비가 일시적으로 감소했으며 이러한 흐름은 민간소비 위축으로 나타났다. 기업 입장에서는 고객 구매력이 떨어질수록 가격 전략을 재검토하고 저가 라인업 강화, 할부 프로그램 제공,

프로모션 확대 등의 방식으로 수요를 자극해야 한다. 예를 들어, 일부 가전제품 유통기업은 고가의 프리미엄 제품보다 가성비 모델을 집중 홍보하고 할부 서비스를 도입해 가격에 민감한 소비자에게 접근하고 있다. 이는 인플레이션 환경에서도 일정한 매출을 유지하기 위한 실용적 전략이다.

인플레이션은 노동시장에도 직접적인 영향을 미친다. 물가가 오르면 생계비 부담이 커지면서 근로자의 임금 인상 요구가 강해지고 이는 기업의 인건비 상승으로 연결된다. 특히 사우디에서는 내국인 고용 확대를 위한 '사우디제이션' 정책이 강화되는 가운데 고급 인력 확보를 위한 임금 경쟁이 치열해지고 있다.

기업은 이러한 인건비 상승 환경에서 성과 중심 보상체계, 성과연동 인센티브, 유연근무제 도입, 복지 프로그램 강화 등을 통해 인적 자원의 운영효율성을 높여야 한다. 동시에 반복적인 업무는 자동화하거나 외주화하고 핵심 인력 중심의 슬림한 조직을 구성하는 전략으로 효과적으로 대처해야 한다.

▍금융 환경 변화와 자금 조달 전략

인플레이션이 계속되면 중앙은행은 금리 인상을 통해 물가 억제를 꾀한다. 사우디는 미국 달러에 연동된 통화제를 채택하고 있어 미국의 금리 정책과 연동된 금리 인상이 불가피하다. 기업의 대출 이자 부담이 증가하고 설비투자나 사업 확장에 대한 재무적 제약이 커질 수 있다. 특히 스타트업이나 중소기업은 고금리 환경에서 자금 조달이 어려워지며 투자 결정이 보수적으로 바뀌게 된다.

기업은 이를 고려해 자금 조달 구조의 다변화를 검토해야 한다. 특히 사우디 같은 이슬람 국가에서는 수쿡Sukuk이 중요한 대안이 될 수 있다. 수쿡은 이슬람 금융 원칙에 따라 발행되는 증권으로 일반 채권과 달리 이자 지급이 금지된 이슬람 율법인 샤리아를 준수하면서도 자금을 조달할 수 있는 구조다. 이 외에도 정부 보조금 활용, 민간 투자 유치 등 다양한 자금 조달 방법을 모색하고 투자 수익률 분석을 강화해 투자 우선순위를 조정해야 한다.

▌장기 전략과 기회 요인 모색

인플레이션은 기업 경영에 단기적으로 부정적 영향을 미칠 수 있지만 적절히 대응한다면 체질 개선과 기회 창출로 전환할 수 있다. 물가가 오를수록 대체재 수요가 증가하므로 현지 생산품이나 비용 효율성이 높은 제품으로 시장을 선점할 기회가 생긴다. 고물가 상황은 신기술 기반의 자동화 솔루션이나 에너지 효율 제품에 대한 관심을 높이는 계기가 되므로 IT 솔루션, 친환경 기술, 물류 자동화 등의 분야에 진출한 기업에게는 시장 확대 기회가 될 수 있다.

사우디의 인플레이션은 글로벌 경제 구조와 함께 정부의 재정 정책, 에너지 정책, 공급망 환경 등의 복합적 영향을 받고 있다. 기업 경영자는 인플레이션을 단순한 '물가 상승'이 아니라 비용 압박, 수요 구조 변화, 금융 환경 악화가 동시에 작용하는 복합적 경영 변수로 인식해야 한다. 비용 절감과 효율화, 가격 전략 재설계, 인재 운영 최적화, 자금 조달 구조의 재정비를 종합적으로 고려한 입체적 대응 전략이 필요하다. 준비된 기업에게는 위기가 기회가 되듯이 인플레이션 환경에서도 새로운 소비 흐름과 비용 구조 변화를 민첩하게 포착함으로써 경쟁 우위를 선점할 수 있다.

> **핵심 코칭 포인트**

기업은 인플레이션을 단순한 물가 상승이 아닌 원가 압박, 소비 위축, 인건비 상승, 자금 조달 어려움 등의 복합적 경영 리스크로 인식해야 한다. 공급망 다변화, 비용 절감, 슬림한 조직 운영, 성과 중심 인사 전략, 자금 조달 구조 조정 등 입체적 대응 전략이 필요하다. 고물가 상황에서는 대체재 수요 증가, 현지 제품 선호, 친환경 기술 및 자동화 솔루션 수요 확대 등 기회 요소도 있으므로 비용, 수요, 금융 측면을 모두 고려한 전략을 수립해야 한다. 변화에 민첩하게 대응하는 기업은 인플레이션 환경에서도 경쟁 우위를 확보할 수 있다.

사우디 재정의 균형추,
외채 현황과 관리 전략

　부채가 많아지면 부채상환비율이 높아져 수출로 벌어들인 소득이 부채 이자로 나가고 경제 발전을 위한 투자는 위축될 수밖에 없다. 사우디는 세계 최대 석유 수출국으로 석유 수입에 크게 의존하는 경제구조다. 이러한 구조는 국제 유가 변동이 국가 재정에 직접적인 영향을 미치므로 외채 관리가 중요한 경제 문제로 떠오른다.

▌외채 현황과 경제적 함의

사우디는 전통적으로 막대한 석유 수익 덕분에 외채 의존도가 비교적 낮은 국가였다. 그러나 최근 몇 년간 외채를 전략적으로 확대하는 방향으로 정책 기조를 바꿔왔다. 특히 2014~2016년 국제 유가 하락기 이후 재정적자를 메우기 위해 외자 조달이 본격화되었다. 이후 비전 2030이라는 대규모 경제 프로젝트를 추진하면서 인프라 투자와 산업 다각화를 위한 자금 확보 수단으로 외채를 활용하기 시작했다.[82]

2023년 기준 사우디의 총외채는 약 2,800억 달러로 GDP 대비 25~30% 수준이다. 이는 국제 기준으로 보면 중간 수준의 관리 가능한 부채비율이며 신용등급도 S&P 기준 A 등급을 유지하고 있어 외화 조달 능력은 비교적 양호한 편이다. 그러나 외채의 상당 부분이 수쿡을 포함해 해외 채권 발행을 통한 자금 조달에 의존하고 있어 세계 금융시장의 변동에 민감한 구조인 점은 기업 경영에서 중요한 변수다.

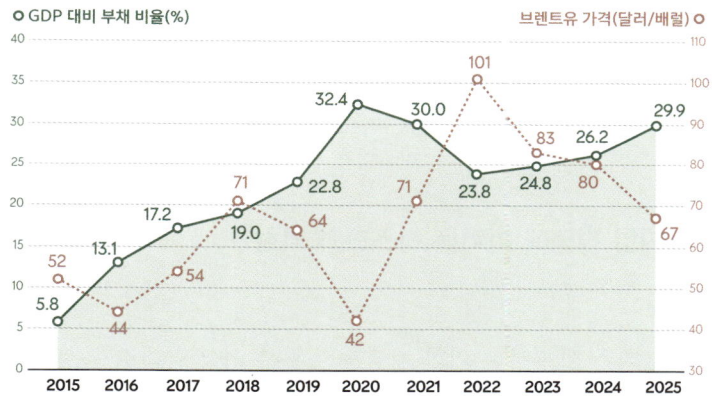

사우디아라비아의 GDP 대비 부채 비율 추이

사우디 정부는 외채를 통해 확보한 자금을 바탕으로 정부 주도의 대규모 프로젝트에 막대한 예산을 투입 중이다. 네옴, 더라인, 리야드 메트로, 관광단지 조성 등은 모두 이러한 부채에 기반한 공공 지출로 운영되는 사례다. 즉, 외채가 공공 부문 수요 창출의 자금원 역할을 하고 있으며 국내 기업과 해외 진출 기업에게는 직접적인 수익 기회가 되고 있다.

기업 입장에서 보면 정부의 투자와 소비가 촉진되면서 프로젝트 수주, 인프라 구축 사업 참여, 공급 계약 등의 기회를 제공받게 된다. 실제로 사우디 정부의 외화 채권 발행 이후 글로벌 건설사, 컨설팅사, IT 기업들이 대거 진출하고 있으며 현지 기업들도 공공 부문 수요 증가에 따라 빠르게 성장하고 있다.

▌ 기업 경영에 미치는 리스크와 기회

사우디가 발행하는 외화 채권은 대부분 미국 달러로 구성되어 있어 미국의 금리 정책과 민감하게 연동된다. 미국 금리가 인상되면 사우디의 외채 상환 부담이 커지고 이에 따라 정부 재정 압박이나 투자 지출 축소 가능성이 생긴다. 이는 기업이 기대하는 공공 부문 프로젝트의 취소나 지연으로 이어져 장기 사업계획에 영향을 미칠 수 있다. 국내 금융시장 금리도 함께 인상될 가능성이 커지며 기업의 자체적인 자금 조달 비용도 상승할 수 있다. 특히 자금력이 약한 중소기업이나 스타트업은 고금리 환경에서 운영자금 확보에 어려움을 겪을 수 있고 금융기관의 대출 심사도 까다로워질 가능성이 크다.

사우디 리얄은 달러 페그제를 유지하고 있어 환율 자체는 안정적이다. 달러 페그제는 자국 통화를 미국 달러에 고정시키는 환율제도로 사우디의 경우, 1달러는 3.75리얄로 고정되어 있다. 이러한 고정환율제는 환율 변동성을 제거한다는 장점이 있지만 사우디 정부의 외채 상환이 달러에 묶여 있는 점은 기업에게 간접적인 영향을 미칠 수 있다.

유가 하락 등으로 사우디의 외화 수입이 줄어들면 정부는 외채 상환 재원 확보를 위해 예산 긴축, 보조금 축소, 세금 인상 등의 조치를 취할 수 있다. 이러한 정책 변화는 곧 소비 위축을 비롯해 기업들의 비용 상승과 내수경기 둔화로 이어진다. 특히 소매, 부동산, 서비스업처럼 내수 의존도가 높은 산업은 더 큰 영향을 받으므로 기업들은 이에 대비해 재무구조의 탄력성을 강화하고 해외 수익원을 다변화하며 가격 경쟁력을 확보해야 한다.

사우디 정부의 외채 발행은 재정 보완 수단뿐만 아니라 자국의 금융시장에 대한 신뢰 확보와 외국인 투자 유치 확대 전략의 일환이다. 외국인 투자자들이 사우디 국채와 수쿡에 참여함으로

써 자본시장 투명성이 높아지고 사우디 기업의 글로벌 자금 접근성도 개선되고 있다.

실제로 사우디의 대표적인 국영 석유기업인 아람코, 사우디 국부펀드, 대형 개발사들은 정부 외채 시장의 안정화에 발맞추어 자체적으로도 외화 채권이나 수쿠크을 발행하며 글로벌 투자자를 유치하고 있다. 이를 통해 기업은 낮은 금리의 장기자금 조달, 글로벌 투자자 기반 형성, ESG 채권 발행 등의 기회를 얻고 사우디 내 기업 경영이 국제적 기준에 더 수렴하는 구조로 진화할 수 있다.

▎ 전략적 대응 방안

사우디의 외채는 국가 재정, 공공 부문 투자, 금리 구조, 금융시장 개방 네 가지 측면에서 기업 경영에 직·간접적 영향을 미친다. 사우디의 외채 확대와 금융시장 변동성에 대응하기 위해 기업은 네 가지 핵심 전략을 동시에 추진해야 한다.

먼저 고금리 환경이 장기화될 가능성에 대비해 안정적인 현금 흐름을 확보하고 중장기적 유동성을 유지하는 것이 필수적이며 정부 프로젝트에 과도하게 의존하는 B2G 중심의 사업 구조를 B2B와 B2C로 다변화해 공공부문 의존 리스크를 분산시켜야 한다. 동시에 유가 변동이나 정부 정책 변동 같은 외부 변수로 인한 프로젝트 중단이나 지연 가능성을 계약 조건에 명시적으로 반영해 유연성을 확보하고 현지 수쿡 시장이나 글로벌 채권 시장에서 직접 자금을 조달할 수 있는 역량을 개발해 정부의 재정 상황과 무관하게 독립적인 자금 조달 능력을 갖추는 것이 장기적인 생존과 성장의 관건이다.

사우디의 외채 확대는 단기적으로 대규모 프로젝트 추진과 기업 확대의 기회로 이어지지만 장기적으로는 금리, 환율, 재정 압박이라는 구조적 리스크를 내포하고 있다. 기업은 이 두 가지 측면을 모두 고려해 공공 부문 수요에 의존하는 단기 수익 모델과 함께 지속가능한 성장 기반을 동시에 구축해야 한다. 외채는 단순한 재정 수단일 뿐만 아니라 경제정책과 시장구조를 읽는 신호등인데 이 신호를 민감하게 포착해 유연하게 대처하는 기업만 사우디라는 매력적인 시장에서 지속적이고 전략적인 경쟁 우위를 선점할 수 있다.

> **핵심 코칭 포인트**

사우디는 과거 석유 수익 중심의 저외채 국가였지만 유가 하락과 비전 2030의 추진에 따라 외채를 전략적으로 확대해왔다. 외채는 정부 주도의 대규모 프로젝트 재원으로 활용되어 기업에게 수주 기회와 성장 발판을 제공하는 동시에 금리 상승, 환율 리스크, 재정 압박 등 다양한 구조적 리스크를 수반한다. 특히 미국 금리에 연동되는 달러 기반 외채 구조는 금리가 인상되면 상환 부담 증가와 투자 지출 축소로 이어져 기업의 장기 계획에 영향을 미칠 수 있다. 중소기업의 자금 조달 환경도 악화되고 정부의 긴축 정책이 소비 위축을 야기하고 내수 산업에 부담을 줄 수 있으므로 내수 의존 기업일수록 치밀한 대응 전략이 요구된다.

반면, 외채 발행은 금융시장 개방과 글로벌 투자자 유치의 계기가 되어 기업의 국제 자금 접근성 개선과 ESG 채권 발행 등 새로운 기회도 제공한다. 따라서 기업은 외채를 리스크와 기회가 공존하는 신호로 보고 유동성 확보, 공공 부문 의존 분산, 계약의 유연성 확보, 글로벌 자금 조달 역량 강화 등을 통한 전략적 대응이 필요하다.

PART 7

성공적인 진출을 위한 전략

사우디 시장의 특수성과 조인트벤처의 필요성

사우디아라비아에서 조인트벤처가 중요한 이유는 이 나라의 경제 개방 전략, 현지화 정책, 법과 제도의 특성, 리스크 분산 등과 밀접한 관련이 있다. 외국계 기업이 사우디 시장에 진출할 때 조인트벤처는 법적·문화적·경영적 장벽을 넘는 효율적인 방식으로 여겨지며 특히 비전 2030 이후 더 주목받고 있다.

오랫동안 석유 수출에 의존해온 사우디는 비전 2030 개혁을 통해 비석유 산업 육성과 민간부문 활성화를 추진 중이다. 이를 위해 외국계 기업의 자본과 기술, 경영 역량 도입을 위한 개방 정책을 강화하고 있으며 단순한 수입이나 기술 도입보다 현지 산업과의 공동 생산이나 기술 이전 같은 지속가능한 협력 모델을 선호한다. 이 과정에서 조인트벤처는 사우디 정부가 장려하는 대표적인 협력 형태가 되었다.

▍현지화 요구와 실질적인 진입 전략

사우디는 사우디제이션 정책을 통해 자국민 고용을 의무화하고 있으며 외국계 기업도 이를 준수해야 한다. 현지 기업과 조인트벤처를 구성하면 사우디제이션 기준 충족에 유리할 뿐만 아니라 인허가 절차나 정부 프로젝트 참여 등에서 행정적 혜택을 받을 수 있다. 조인트벤처는 단순한 경영 파트너십이 아니라 사우디 사회 내부에 자리 잡는 기반이 되며 실질적인 현지화 수단으로 기능한다.

사우디의 비즈니스 환경에서는 종교와 문화, 부족 중심의 인간관계, 사회적 신뢰가 매우 중요하게 작용한다. 외국계 기업이 단독으로 진출할 경우, 이러한 문화적 장벽에 부딪힐 수 있지만 현지 파트너와의 조인트벤처는 문화적 중개자 역할을 수행한다. 시장 정보, 인적 네트워크, 사회적 신뢰를 효과적으로 활용하게 해주어 특히 공공부문이나 대규모 국책 프로젝트 참여에서 경쟁력을 높이는 요인으로 작용한다.

사우디의 법과 제도는 외국인 투자자에게 일정한 제한이나 조건을 부과할 수 있으며 행정 절차에서도 현지 파트너의 존재가 실질적인 유연성을 확보해준다. 조인트벤처는 투자 리스크와 초기 비용을 분담할 수 있는 구조이므로 불확실성이 큰 신규 시장에 진입할 때 안정성을 높이는 전략이 된다. 특히 에너지, 인프라, 국방, 스마트시티, 헬스케어, 정보통신 등 전략적 산업 분야에서는 사우디 정부가 외국계 기업에게 단순한 제품 판매가 아닌 현지 기반 생산과 공동 기술개발을 요구하고 있다. 조인트벤처는 사우디 시장 진입을 넘어 장기적 사업 기회를 얻고 정부 개발 정책과 연계해 나가는 데 필수적인 방법이다.

요컨대 조인트벤처는 외국계 기업이 사우디의 현지화 요구를 충족시키면서 안정적으로 진입하고 장기적 성장 기반을 확보하는 데 중요한 전략적 수단이다. 법적 요건 충족 이상의 의미를 띠며 문화적 적응, 정부 프로젝트 수주, 기술 이전, 고용 창출 등 다양한 측면에서 실질적 효과를 발휘하는 핵심적인 방식이다.

▎정치경제적 통제 시스템과 외국계 기업의 한계

사우디는 겉으로는 비전 2030을 통해 개방과 현대화를 추진하고 있지만 본질적으로는 절대군주제 하의 통제 경제체제를 유지 중이다. 2025년 현재도 석유 수입이 GDP의 43%, 정부 재정의 75%를 차지하는 구조는 변하지 않았다. 이는 모든 경제활동이 직·간접적으로 왕실과 정부의 영향 아래 있다는 의미다.

특히 주목해야 할 점은 정부의 이중적 태도다. 외국인 투자를 환영한다고 공식적으로는 천명하면서도 실제로는 다양한 규제와 암묵적 장벽을 통해 외국 기업을 통제한다. 2023년 외국인 직접

투자가 210억 달러로 증가했다고 자랑하지만 그중 상당 부분이 현지 파트너와의 합작 투자였다는 사실은 잘 알려지지 않았다.

이러한 통제는 대규모 국책사업에서 더 노골적으로 드러난다. 네옴 프로젝트만 해도 100% 외국인 소유와 법인세 면제를 약속하지만 실제 참여를 위해서는 사우디 정부가 지정한 현지 기업과의 협력이 필수다. 신달라 섬 개발에 현지 네 개 계약업체와 60개 하도급업체가 참여한 것은 우연이 아니며 정부가 의도적으로 설계한 구조다.

따라서 현지 파트너는 단순한 사업 동반자를 넘어 정치적 보호막 역할을 해야 한다. 정부의 정책이 갑자기 변경되거나 왕족 간 권력 다툼이 발생할 때 현지 파트너와의 정치적 연결고리는 외국계 기업의 생존을 좌우한다. 2017년 무함마드 빈 살만의 반부패 캠페인 당시 현지 파트너를 잘못 선택한 여러 외국계 기업이 프로젝트 중단이나 계약 취소의 위기를 겪은 것을 우리는 기억해야 할 것이다.

▌강화된 사우디화 정책과 현지인 고용 의무

2025년 현재 사우디화 정책은 과거보다 훨씬 강화되었다. 니타카트 프로그램에 따른 업종별 의무 고용률은 지속적으로 상향 조정되고 있다. 치과 45%, 병원 65%, 회계 40%, 엔지니어링 30% 등 전문 분야에서도 높은 사우디 국민 고용률을 요구하고 있고 2025년 7월부터 이 비율은 추가 상향될 예정이다.

문제는 단순히 정해진 비율만 맞춘다고 해결되는 것이 아니라는 점이다. 사우디 정부는 외국계 기업에게도 매우 구체적인 고용 요건을 부과한다. 외국계 기업이 사우디어 진출할 경우, 총괄 책임자 다음으로 고용하는 두 번째 직원은 반드시 사우디 국민이어야 하고 직원 수가 5명 이하인 소규모 기업이라도 사우디인을 최소한 1명은 고용해야 한다. 이는 단순한 규정 준수를 넘어 기업이 사우디 노동시장에 실질적으로 기여하도록 유도하는 조치다. 이러한 규정을 위반하면 비자 발급 중단, 정부 계약 입찰 제한, 사업 허가 갱신 거부 등 치명적인 제재를 받게 된다.

더 큰 문제는 적합한 인력을 찾는 것이다. 사우디의 교육 시스템은 산업 현장이 요구하는 수준의 인력을 아직 충분히 배출하지 못하고 있다. 특히 엔지니어링, IT, 금융 등 전문 분야에서 자격을 갖춘 사우디 인력이 절대적으로 부족하다. 현지 파트너 없이는 이러한 인력을 찾아 교육시키고 관리하는 것이 사실상 불가능하다. 현지 파트너는 대학, 직업훈련원, 정부 고용 프로그램과의 네트워크를 통해 인력을 공급하고 문화적 차이로 인한 갈등을 조정하며 장기적인 인력개발 계획을 수립하는 데 핵심적인 역할을 한다. 특히 사우디 직원들의 높은 이직률과 낮은 업무 몰입도를 관리하는 노하우는 현지 파트너만 제공할 수 있다.

▎복잡한 규제 환경과 법적 불확실성

이슬람 율법인 샤리아에 바탕을 둔 사우디의 법체계는 서구의 세속적인 법체계와 근본적으로 다르다. 외부에서는 법적 판단이나 절차를 예측하기 어려운 경우가 많다. 판사의 재량 범위가 넓고 관습이나 종교적 해석이 중요한 역할을 하므로 같은 사안이라도 상황에 따라 다른 판단이 내려질 수 있다. 외국계 기업이나 투자자에게 사우디의 법적 환경은 다소 복잡하고 낯설게 느껴질 수 있다.

특히 주목할 점은 '현지 콘텐츠'에 대한 엄격한 요구사항이다. 사우디 정부는 2025년까지 전체 조달의 70%를 현지에서 충당한다는 목표를 세웠다. 이 기준을 충족시키지 못하는 기업은 정부 발주 프로젝트 입찰 자격에서 배제된다. 기업들은 현지에서 조달하는 부품, 인력, 서비스 등을 확대하는 전략을 세워야 한다. 그러나 외국계 기업이 독자적으로 현지 공급망을 구축해 관리하는 것은 현실적으로 불가능하며 다양한 인허가 절차가 매우 복잡해 현지 사정을 잘 아는 파트너의 도움이 필수적이다.

사우디에서 사업을 시작하려면 MISA에서 투자 라이선스를 취득하는 것을 시작으로 상업 등록, 산업 라이선스, 환경 승인, 보안 허가 등 수십 가지 인허가 절차를 밟아야 한다. 정부 부처마다 요구하는 서류와 기준이 다를 뿐만 아니라 담당 공무원에 따라 같은 규정도 다르게 해석되는 경우가 많아 절차는 더 복잡해진다. 현지 파트너의 경험과 인맥 없이는 미로 같은 이 관료제를 헤쳐나가기 어렵다.

문화적 특수성과 비즈니스 관행

사우디에서 비즈니스를 성공적으로 운영하려면 관계를 중시하는 문화를 깊이 이해해야 한다. 현지에서는 '와스타'라는 인맥과 영향력 네트워크가 모든 거래와 협상의 기본 토대다. 이러한 네트워크는 단순한 친분을 넘어 신뢰와 책임의 연결고리 역할을 하며 사업 진행 과정에서 중요한 결정이나 문제 해결에 큰 영향을 미친다. 와스타는 단순한 연줄이 아니라 수세대에 걸쳐 형성된 신뢰와 상호 의무감의 복잡한 체계다. 외국인 단독으로 이 네트워크에 진입하는 것은 거의 불가능하므로 현지인과 신뢰 관계를 형성하는 것이 사우디 비즈니스 성공의 핵심이다.

와스타는 중동 지역, 특히 아랍 문화권에서 중요한 사회적 개념으로 개인이나 조직이 목표 달성을 위해 인맥, 친분, 영향력을 활용하는 체계를 의미한다. 이는 단순한 인간관계를 넘어 공식 절차나 규칙을 우회하거나 신속한 문제 해결 기회 확보에 도움을 주는 일종의 사회적 자본이다.

가족, 친척, 친구, 동료, 권력자와의 관계망을 통해 필요할 때 도움을 받거나 영향력을 행사하는 이 관행은 공공기관의 허가, 취업, 계약 수주, 행정 절차, 법적 문제 해결 등에 활용된다. 긍정적으로는 신뢰와 상호 지원을 바탕으로 한 협력과 유대의 표시로 여겨지지만 부정적으로는 부패, 불공정, 불투명성을 조장하는 원인으로 지적되기도 한다.

문화적으로 와스타는 오랜 전통과 사회구조 속에서 자연스럽게 자리 잡은 현상이다. 중동 사회에서는 개인보다 공동체와 집단 간의 유대가 중시되므로 와스타를 통한 관계망은 사회적 안정과 협력의 한 형태로 인식된다. 그러나 현대 행정과 기업 경영에서는 와스타가 공정성과 투명성을 저해할 우려가 있어 이를 최소화하고 합리적 절차 문화를 확립하려는 노력이 지속되고 있다.

중요한 사업 정보는 공식 채널보다 전통적 사교 모임인 마즐리스Majlis나 가족 모임에서 공유된다. 정부의 정책 변화, 새로운 프로젝트 계획, 주요 인사이동 등의 정보는 공식 발표 훨씬 전에 특정 네트워크 안에서 알려진다. 현지 파트너 없이는 이러한 정보에 접근할 수 없다.

의사결정 과정도 독특하다. 첫 번째 회의에서는 비즈니스 이야기를 절대로 꺼내지 않으며 개인적 관계부터 먼저 구축한다. 상호 신뢰가 쌓인 후에야 본격적인 협상이 시작된다. 의사결정도 즉석에서 이루어지지 않으며 비공식적인 협의를 여러 번 거친다. 서구적 관점에서는 비효율적으로 보이지만 이것이 사우디 방식이다.

라마단 기간에는 업무 시간이 단축되어 생산성이 떨어지고 의사결정이 늦어지므로 특히 주의해야 한다. 하지 시즌에는 많은 사우디인이 성지순례를 떠나 업무 공백이 생긴다. 이러한 종교적, 문화적 리듬을 이해하고 대처하는 것은 현지 파트너의 안내 없이는 불가능하다.

▌지정학적 리스크와 경제적 불확실성

사우디는 중동 지역의 전략적 요충지에 위치해 있으며 이러한 지정학적 리스크는 비즈니스에 직접적인 영향을 미친다. 예멘 내전, 이란과의 긴장 관계, 카타르와의 외교 분쟁 등 여러 지역 갈등에 직접 관련되어 있어 정치적 불안 요소가 상존한다. 2019년 아람코 시설에 대한 공격이나 최근 홍해 지역에서의 후티 반군의 공격이 사우디 안보의 취약성을 잘 보여준다.

유가 변동에 따른 경제적 불확실성도 크다. 정부 재정이 석유 수입에 크게 의존하고 있어 유가가 하락하면 정부 프로젝트가 중단되거나 대금 지급이 지연되는 경우가 빈번하다. 2024년 네옴 프로젝트 예산이 20% 삭감된 것도 유가 하락과 재정 압박 때문이었다.

이처럼 불확실한 환경에서 현지 파트너는 변화의 조짐을 미리 감지하고 대처하도록 도와주는 조기 경보 시스템 역할을 한다. 정치적 긴장이나 정부의 정책 변화 같은 리스크 요인을 현지 감각으로 신속히 파악해 외국계 기업이 더 빨리 유연하게 대처하도록 해준다. 특히 정부와의 비공식 채널을 통해 프로젝트 지연이나 정책 변경 정보를 사전에 입수할 수 있다.

▍실질적인 시장 진입 장벽

이론적으로는 많은 분야에서 100% 외국인 소유가 가능하지만 실제로는 수많은 장벽이 존재한다. 무역업의 경우, 최소 자본금 3,000만 리얄과 5년간 2억 리얄 투자 약속이 필요하며 전문 서비스업도 4개국 이상에서 사업을 운영해야 하는 등 까다로운 조건이 붙는다. 현지 파트너와 합작하면 이러한 요구사항이 크게 완화된다.

더욱이 정부는 비공식적으로 현지 파트너십을 강요한다. 입찰을 평가할 때는 현지 파트너 참여 여부가 중요한 평가 기준이 되며 프로젝트 수행 과정에서도 현지 기업 우대 정책이 적용된다. 특히 국가 전략 산업이나 대규모 인프라 프로젝트는 현지 파트너 없이는 사실상 참여가 불가능하다.

    결론적으로 사우디에서 조인트벤처는 단순한 사업 전략이 아니라 생존의 필수 조건이다. 정치적 통제, 규제 요구사항, 문화적 장벽, 경제적 불확실성 등 모든 측면에서 현지 파트너의 역할이 절대적이다. 성공적인 사우디 진출을 위해서는 신뢰할 수 있는 현지 파트너를 물색해 진정한 협력 관계를 구축하는 것이 무엇보다 중요하다. 이는 타협이 아니라 사우디 시장의 현실을 인정하고 그에 맞는 전략을 구사하는 현명한 선택이다.

> **핵심 코칭 포인트**

사우디에서 조인트벤처는 선택이 아닌 생존을 위한 조건이다. 정부가 경제의 75%를 통제하는 시장에서 현지 파트너는 정치적 보호막이자 유일한 소통 채널이다. 사우디화 정책으로 최대 65%의 현지인 고용이 의무화되고 현지 콘텐츠의 70% 달성이 요구되는 환경에서 단독 진출은 불가능하다. '와스타'로 대표되는 관계 중심 문화와 샤리아 기반 법체계는 현지 파트너 없이는 극복할 수 없는 장벽이다. 결론적으로 사우디에서는 '누구와 함께하느냐'가 성공의 핵심이다.

조인트벤처의
전략적 이점과 실무 전략

　조인트벤처가 사우디 시장에서 필수적이라면 이를 어떻게 활용해야 할까? 단순히 현지 파트너를 물색하는 것만으로는 충분하지 않으며 전략적 접근과 체계적 실행이 필요하다. 특히 최근 폭발적으로 성장 중인 건설 분야의 사례를 통해 조인트벤처의 구체적인 이점과 실무 전략을 살펴보자.

▌ 대형 프로젝트 수주 기회의 확대

사우디의 메가 프로젝트들은 규모와 복잡성에서 세계 최고 수준이다. 5,000억 달러 규모의 네옴, 170km에 달하는 직선 도시인 더 라인, 홍해 연안의 럭셔리 관광단지인 레드씨 프로젝트, 엔터테인먼트 도시인 끼디야Qiddiya 등은 단일 기업이 감당하기에는 너무 거대하다. 이러한 프로젝트들은 설계, 시공, 운영 모든 단계에서 다양한 전문성을 요구한다.

조인트벤처는 이러한 대형 프로젝트 수주에서 결정적인 경쟁력을 제공한다. 실제로 한국의 한 대형 건설사는 2023년 네옴 관련 프로젝트 입찰에서 단독으로 기술 평가 1위를 받고도 탈락했지만 현지 빈라덴 그룹과 조인트벤처를 구성해 재입찰해 150억 달러 규모의 프로젝트를 수주할 수 있었다.

정부가 대형 프로젝트를 평가할 때는 '현지 콘텐츠 비율'을 중요하게 본다. 현지 인력 고용, 사우디 기업 조달 비율, 현지 수행 엔지니어링 비율 등을 종합해 산출하는 이 지표는 입찰 당락을 좌우한다. 일반적으로 30% 이상, 전략 프로젝트는 50% 이상을 요구한다. 현지 파트너 없이는 이 기준을 충족시키기 어렵다.

프로젝트 파이낸싱 측면에서도 조인트벤처가 유리하다. 사우디 국영은행들은 현지 기업이 참여한 프로젝트에 우대 금리와 유리한 조건을 제시한다. 특히 이슬람 금융의 복잡한 구조를 이해하고 활용하는 데 현지 파트너의 경험이 매우 중요하며 정부의 선수금 지급이나 프로젝트 보증 발급 때도 현지 파트너의 신용도가 큰 영향을 미친다.

상호보완적 시너지 창출

성공적인 조인트벤처의 핵심은 각자의 강점을 결합해 시너지를 창출하는 것이다. 외국계 기업은 첨단 기술과 글로벌 경험을, 현지 기업은 시장 지식과 자원을 제공한다. 이러한 결합은 단순한 합 이상의 가치를 만들어낸다.

기술적 측면에서 외국계 기업의 설계 능력과 현지 기업의 시공 경험이 결합될 때 최적의 결과가 나온다. 여름철 50도를 넘나드는 고온, 모래폭풍, 습도 변화 등 사우디의 극한 기후에는 표준 설계로 대처하기 어렵다. 현지 파트너가 이러한 환경에서 축적한 노하우를 제공한다. 콘크리트 배합, 단열재 선택, 공사 일정 조정 등 세부적인 부분에서 현지 경험은 프로젝트의 성패를 좌우한다.

인력 운영에서도 시너지는 명확하다. 외국계 기업은 프로젝트 관리자, 고급 엔지니어 등 핵심 인력을 제공하고 현지 기업은 중간 관리자와 숙련 기능공을 공급한다. 특히 아시아계 노동자가 많은 사우디 건설 현장에서 아랍어와 영어를 구사하는 현지의 중간 관리자들이 문화적 가교 역할을 하며 현장 효율성을 크게 높인다.

조달과 물류 분야에서 현지 파트너의 가치는 더 두드러진다. 사우디의 복잡한 통관 절차, 내륙 운송의 어려움, 자재 보관 문제 등은 현지 경험 없이는 해결하기 어렵다. 특히 라마단 기간이나 하지 시즌의 물류 대란을 예측하고 대비하는 것은 현지 파트너만 할 수 있는 일이다. 한 일본 건설사는 현지 파트너의 조언을 무시하고 라마단 직전에 자재를 대량 발주했다가 통관 지연으로 2개월간 공사가 중단되는 손실을 입었다.

▎정부 네트워크와 승인 프로세스

사우디에서는 정부와의 관계가 사업의 성패를 좌우할 정도로 중요하다. 모든 대형 프로젝트가 정부와 직·간접적으로 연결되어 있고 정부의 승인과 지원 없이는 아무것도 진행할 수 없다. 현지 파트너는 이러한 정부 네트워크에 접근할 수 있는 유일한 통로다.

프로젝트 정보 획득부터 현지 파트너의 역할이 시작된다. 정부는 대형 프로젝트를 공식 발표하기 훨씬 전부터 특정 기업들과 비공식 협의를 진행한다. 이 단계에서 대략적인 프로젝트 범위, 예산, 일정 등이 결정된다. 현지 파트너를 통해 이 과정에 참여하지 못하면 공식 입찰이 시작되었을 때는 이미 늦다.

각종 승인 과정에서도 현지 파트너는 필수적이다. 환경영향평가, 보안 승인, 비자 발급, 장비 반입 허가 등 수십 가지 승인이 필요한데 부처마다 요구사항이 다르고 담당자의 재량권이 크다. 현지 파트너는 각 부처의 키맨을 알고 있으며 신속한 승인을 위해 비공식 채널을 활용할 수 있다.

문제가 발생했을 때 해결 능력도 중요하다. 프로젝트 진행 중 예상치 못한 규제 변경, 민원, 노동 분쟁 등이 발생했을 때 현지 파트너의 중재 능력이 빛을 발한다. 그들은 관련 당사자들과의 협의를 통해 문제를 신속히 해결할 수 있다. 공식적인 법적 절차를 거치면 몇 년이 걸릴 문제도 현지 파트너를 통하면 몇 주 안에 해결되는 경우가 많다.

▌ 리스크 분산과 위기 관리

사우디 시장은 높은 수익 가능성과 함께 상당한 리스크를 내포하고 있다. 조인트벤처는 이러한 리스크를 효과적으로 분산시키는 메커니즘으로 재무적 리스크뿐만 아니라 운영, 정치, 안보 리스크까지 포괄적으로 관리할 수 있다.

재무적 측면에서 현지 파트너와 초기 투자 부담을 나누는 것은 기본 전략이다. 더 중요한 것은 사업 운영 과정에서 발생할 수 있는 예상하지 못한 비용을 함께 부담할 수 있다는 점이다. 예를 들어, 정부가 갑자기 규제를 변경하거나 유가 하락으로 프로젝트 대금 지급이 지연되는 경우, 모든 부담을 기업 혼자 떠안기보다 현지 파트너와 리스크를 분담하는 것이 훨씬 안정적이고 현실적이다.

운영 리스크 관리에서도 현지 파트너의 역할은 크다. 극한 기후로 인한 장비 고장, 숙련 인력 부족으로 인한 품질 문제, 문화적 차이로 인한 생산성 저하 등은 사우디 건설현장의 일상적 문제다. 현지 파트너는 이러한 문제에 대한 검증된 해결책을 가지고 있다. 여름철 고온 시기에는 야간작업으로 전환하고 라마단 기간에는 작업 강도를 조절하는 등 현지화된 대응이 필요하다.

정치적, 안보적 리스크도 무시할 수 없다. 2019년 아람코 시설에 대한 공격은 사우디 안보의 취약성을 드러냈다. 이러한 상황에서 현지 파트너는 조기 경보 시스템 역할을 한다. 정부 보안 브리핑에 참여하고 지역 부족 지도자들과의 네트워크를 통해 안보 정보를 수집하고 위기가 발생하면 정부, 보안 당국과 협조해 프로젝트와 인력의 안전을 확보한다.

▎건설 분야 조인트벤처의 구체적 전략

현재 사우디 건설 시장은 비전 2030 프로젝트들로 인해 전례 없는 호황을 누리고 있다. 이 기회를 잡으려면 체계적인 조인트벤처 전략이 필요하다.

첫째, 검증된 현지 EPC 업체와의 협력이 중요하다. 사우디에는 수많은 건설사가 있지만 대형 프로젝트 수행 능력을 갖춘 업체는 제한적이다. 빈라덴 그룹, 네스마, 알막타, 엘세이프 등 검증된 대형 업체와의 협력이 바람직하다. 이들은 정부와의 관계, 재무 능력, 프로젝트 수행 경험 면에서 검증받았다.

둘째, 사우디화 대응 전략을 명확히 해야 한다. 건설 분야도 사우디화 요구가 강화되고 있다. 단순히 수치를 맞추는 것이 아니라 실질적인 기술 이전과 인력 양성 계획을 제시해야 한다. 현지 대학과의 산학협력, 직업훈련 프로그램 운영, 멘토링 시스템 구축 등을 통해 정부의 요구에 부응하면서도 프로젝트 품질을 유지할 수 있다.

셋째, 조기 시장 진입과 관계 구축이 중요하다. 입찰 공고가 나온 후에 움직이면 늦다. 프로젝트 구상 단계부터 발주처와 접촉하고 프로젝트 방향성에 대한 의견을 제시하며 신뢰를 쌓아야 한다. 이 과정에서 현지 파트너의 네트워크가 결정적인 역할을 한다.

넷째, 현지 규제에 대한 철저한 이해가 필요하다. 사우디 건설

법, 지연배상금 Liquidated Damages 조항, 이행보증금 Performance Bond 요구사항, 보험 규정 등을 정확히 파악해야 하는데 특히 계약서상 시간과 관련된 'Time is of the Essence' 조항이 매우 엄격히 적용되므로 주의해야 한다.

다섯째, 프로젝트 파이낸싱 구조를 이해해야 한다. 네옴 같은 대형 프로젝트는 정부 예산뿐만 아니라 PPP 방식으로 진행되는 경우가 많다. 이슬람 금융의 특성을 이해하고 수쿡 등을 활용한 자금 조달 방안을 검토해야 한다.

▎실무상 주의사항

조인트벤처 운영 과정에서 다양한 실무상 문제가 발생한다.

첫째, 의사결정 속도의 차이다. 사우디 기업들은 의사결정에 시간이 오래 걸리며 가족경영 기업은 더 그렇다. 조급해하면 신뢰를 해치므로 충분한 시간을 갖고 관계를 쌓아나가며 진행해야 한다.

둘째, 모든 합의사항은 즉시 문서화해야 한다. 구두 합의는 법적 효력이 없고 향후 다르게 해석될 여지가 있으므로 회의록을 작성해 양측이 서명하는 것을 습관화해야 한다.

셋째, 법적 분쟁에 대비해야 한다. 샤리아법 체계 아래에서는 서구적인 계약 해석과 다른 판단이 나올 수 있다. 계약서에 준거법과 분쟁 해결 절차를 명확히 하고 가능하면 국제중재를 선택하는 것이 바람직하다.

넷째, 현금흐름 관리가 중요하다. 정부 프로젝트도 대금 지급이 지연되는 경우가 많으므로 충분한 운전자금을 확보하고 필요할 때 현지 은행의 브릿지론 활용을 준비해야 한다.

다섯째, 현지 하청업체 관리에 주의해야 한다. 품질과 공기 준수를 위해서는 하청업체의 역량이 중요하다. 현지 파트너의 추천을 받되 독자적인 평가와 관리 시스템을 구축해야 한다.

결론적으로 사우디에서의 성공적인 조인트벤처를 위해서는 다음과 같은 전략이 필요하다.

사우디 시장은 기회와 도전이 공존하는 곳이며 조인트벤처는 이러한 시장에서 성공할 수 있는 가장 현실적이고 효과적인 전략이다. 올바른 파트너와 함께 체계적인 접근을 통해 조인트벤처를 구성한다면 사우디 시장에서 지속가능한 성공을 거둘 수 있을 것이다.

> **핵심 코칭 포인트**

성공적인 사우디 조인트벤처 설립을 위한 전략

철저한 파트너 실사	재무 건전성, 정부 관계, 프로젝트 수행 능력, 조직 문화 등을 종합적으로 평가해야 한다.
명확한 계약 구조	권한과 책임, 리스크 분담, 분쟁 해결 절차 등을 상세히 규정해야 한다.
지속적인 관계 관리	계약서만으로는 성공을 보장할 수 없으니 정기적인 소통과 신뢰 구축이 필요하다.
현지화 전략	단순히 규제를 충족시키는 것이 아니라 진정한 현지화를 통해 경쟁력을 확보해야 한다.
장기적 관점	단기적인 이익보다 장기적인 파트너십과 시장 포지셔닝을 중시해야 한다.

조인트벤처 협상 시
핵심 체크리스트

두바이 한 호텔 로비에서 만난 일본계 건설사 임원이 씁쓸한 표정으로 말했다. "우리는 3년간 공들여 진행한 조인트벤처를 하루아침에 접어야 했습니다. 파트너의 정부 네트워크가 왕실 내부의 권력 다툼으로 무너졌거든요." 그의 손에는 두꺼운 계약서 파일이 들려 있었지만 정작 가장 중요한 것은 그 어디에도 적혀 있지 않았다. 사우디에서 조인트벤처의 성패는 계약서의 완성도가 아니라 보이지 않는 권력 구조와 문화적 맥락을 얼마나 깊이 이해하고 대비했느냐에 달려 있다.

▎파트너 실사의 진정한 의미

사우디에서 파트너 실사는 단순한 재무제표 검토 이상의 의미를 갖는다. 가장 먼저 확인해야 할 것은 파트너의 정부 네트워크 지도다. '누가 후원자인가?', '왕실 내 어느 계파와 연결되어 있는가?'는 공식 문서에 나타나지 않지만 사업의 성패를 좌우하는 핵심 변수다.

니타카트 등급도 반드시 확인해야 할 필수 항목이다. 플래티넘이나 그린 등급이 아닌 파트너와 조인트벤처를 구성할 경우, 비자 발급부터 정부 입찰 참여까지 모든 과정에서 불이익을 받게 된다. 2025년 기준으로 옐로우나 레드 등급 기업은 정부 계약 참여가 불가능하며 플래티넘 등급 기업은 정부 서비스 특혜와 신속한 비자 처리 등의 혜택을 받는다.

▎지분 구조와 의사결정권의 전략적 설계

조인트벤처의 지분 구조는 향후 운영상 모든 것을 결정한다. 많은 기업이 공정성을 추구해 50:50 구조를 선택하지만 이는 교착될 위험을 안고 있다. 중요한 결정에서 양측의 의견이 대립할 때 이를 조정하거나 해결할 방법이 없으면 사업이 교착상태에 빠질 수 있다.

실무적으로는 51:49 또는 60:40 구조가 권장된다. 이는 최종 의사결정권을 명확히 하면서도 소수 지분 측의 권익을 보호할 수 있는 구조다. 다만, 중요 사항에 대해서는 만장일치 조항을 두어 균형을 맞춘다. 예를 들어, 정관 변경, 합병이나 분할, 자산 매각, 대규모 투자 결정 등은 양측의 동의가 필요하도록 규정한다.

이사회 구성도 신중히 설계해야 한다. 양측이 동수로 구성하되 의장은 교대로 맡거나 독립적인 제3자를 선임하는 방법을 고려할 수도 있다. 한 한국 기업은 사우디 파트너와 각각 3명씩 이사를 선임하고 업계에서 존경받는 독립 이사 1명을 의장으로 선임해 균형적인 운영체계를 구축했다.

▌교착상태 조항의 구체화

사우디 파트너와의 의견 충돌은 필연적이다. 문제는 이를 어떻게 해결하느냐다. 교착상태 조항에서 '협의를 통해 해결한다'라는 추상적인 문구는 무용지물이다. 단계별로 구체적인 해결 프로세스를 명시해야 한다.

교착상태 해결 프로세스

1단계	경영진 직접 협의(30일)
	▼ (미해결 시)
2단계	독립적인 제3자 전문가 중재(30일)
	▼ (미해결 시)
3단계	국제중재기관 회부
	▼ (최종 수단)
4단계	강제 매각 메커니즘 발동

최종 단계에서 강제 매각 방법으로는 '러시안 룰렛'Russian Roulette 조항이나 '텍사스 슛아웃'Texas shoot-out 조항을 활용한다. 러시안 룰렛은 한쪽이 지분 매입 가격을 제시하면 상대방이 그 가격에 매

도하거나 같은 가격으로 역매수하는 것으로 양측 모두에게 공정한 가격 제시를 유도하는 효과적인 장치다. 사우디에서는 결정 지연이 장기화되는 경우가 많아 기한 내에 결정하지 않으면 한국 측 제안을 승인한 것으로 간주하는 '간주 승인' 조항을 활용하는 것도 바람직하다.

▌ 전략적 탈퇴 설계

탈퇴 조항은 조인트벤처의 '비상구'다. 사우디에서는 정권 교체, 정부 정책의 변경, 파트너의 부도, 규제 환경의 급변 등 예측 불가능한 변수가 많다. 2023년 실제로 한국의 한 대기업은 파트너 기업의 정부 인허가가 갑자기 취소되면서 긴급 탈퇴를 고려했지만 사전에 마련해둔 탈퇴 조항 덕분에 최소한의 손실로 마무리할 수 있었다.

매도선택권과 매수선택권의 행사 조건도 구체적으로 정의해야 한다. 특히 '정부 규제 변경으로 인한 사업 수익성 30% 이상 감소', '파트너의 니타카트 등급 2단계 이상 하락', '정부 핵심 인사와의 관계 단절' 등 사우디 특유의 리스크를 반영한 조건들을 포함시켜야 한다.

지식재산권 보호의 현실적 접근

사우디에서 지식재산권 보호는 표면적으로는 국제 기준을 따르지만 실제 집행 과정에서는 많은 허점이 있으며 생각보다 복잡하다. 가장 중요한 것은 조인트벤처 종료 후 지식재산권 처리 방법이다. 한국 측이 제공한 기술과 노하우는 즉시 반환하거나 폐기할 것을 명시하고 사우디 파트너가 계속 사용하려면 별도의 라이선스 계약을 체결하도록 규정하는 것이 바람직하다.

기존 지식재산권 (Background IP)	신규 개발 지식재산권 (Foreground IP)
• 조인트벤처 이전 보유 기술·노하우 • 처리: 라이선스 형태로만 제공 • 소유권: 원 소유자 유지	• 조인트벤처 수행 중 개발 • 처리: 공동 소유 원칙 • 배분: 기여도에 따른 수익 배분

▌자금흐름의 체계적 관리

사우디에서 가장 흔한 분쟁의 원인은 대금 지급 지연이다. 정부 프로젝트조차 6개월 이상 지연되는 경우가 빈번하며 민간 프로젝트는 더 심각하다. 이러한 현실을 고려해 자금흐름 관리체계를 계약서에 명확히 규정해야 한다.

먼저 프로젝트를 수주할 때는 선수금 비율을 계약금액의 20~30%로 설정하는 것이 중요하며 반드시 은행 보증과 연계해 발주처의 신용도와 무관하게 자금을 확보해야 한다. 기성금은 월 단위로 청구하되 지급이 지연될 때는 사우디 은행 간 금리에 3~5%를 더한 연체 이자율을 적용할 것을 명시한다.

에스크로 계좌를 활용하는 것도 효과적이다. 발주처가 프로젝트 대금을 제3자가 관리하는 에스크로 계좌에 예치하고 사전에 합의된 마일스톤을 달성했을 때 자동 지급되도록 설정하면 대금 지급 지연 리스크를 크게 줄일 수 있다. 대금 지급 지연이 90일을 초과할 경우, 작업 중단권을 행사할 수 있도록 명시하는 것도 중요하다. 이는 단순한 위협이 아니라 실제 행사 가능한 권리로 발주처에게 적시 대금 지급 압박을 가하는 효과적인 수단이 된다.

자금 인출 조건으로 두 파트너의 공동 서명 요건을 명시하는 것도 필수다. 한국의 한 엔지니어링 회사는 이러한 장치를 마련하지 않아 파트너가 일방적으로 프로젝트 자금을 인출하는 사태를 겪었다. 이러한 경험은 아무리 신뢰하는 파트너라도 자금 관리에서는 철저한 통제 장치가 필요하다는 것을 보여준다.

▌ 보험·보증의 완벽한 설계

사우디 프로젝트의 보험·보증 요구사항은 국제 기준보다 엄격하다. 이행보증은 계약금액의 5~10%, 선수금 보증은 받은 선수금의 100%, 보류금 보증은 보류금의 5~10%가 요구된다. 이러한 보증은 단순히 규정 충족 차원이 아니라 프로젝트를 원활히 진행하는 데 필수적인 요소다.

건설공사보험의 경우, 일반적인 공사 리스크뿐만 아니라 전쟁, 테러, 사보타주로 인한 손실까지 포함되는지 커버리지 범위를 꼼꼼히 확인해야 한다. 특히 최근 드론 공격이나 미사일 공격도 현실적 위협이 되고 있어 이러한 리스크도 보상 범위에 포함되는지 반드시 점검해야 한다. 예멘 국경 지역 프로젝트의 경우, 이러한 리스크가 실제로 발생하고 있어 더 세심한 주의가 필요하다.

제3자 배상책임보험도 충분한 한도로 가입해야 한다. 사우디 법원은 인명 피해에 대해 높은 배상금을 부과하는 경향이 있으며 특히 사우디 국민이 피해자일 경우, 배상 금액이 크게 상승하므로 최소 1천만 달러 이상의 보상 한도를 확보하는 것이 안전하다. 일부 발주처는 사우디 현지 보험사만 인정하는 경우도 있으므로 보험 조건까지 사전에 꼼꼼히 협의해야 한다.

▌분쟁 해결의 국제화

사우디 법원에서 분쟁을 해결할 때 언어 장벽, 샤리아 법체계, 현지 기업 우대 관행이 복합적으로 작용해 외국계 기업에게 불리하므로 국제중재를 통한 분쟁 해결을 계약서에 반드시 명시해야 한다.

중재지 선택은 매우 중요한 결정이다. 두바이 국제중재센터는 지리적으로 가깝고 중동 지역 사정에 밝다는 장점이 있다. 싱가포르 국제중재센터는 아시아 기업에게 친숙하고 중립적이라는 평가를 받는다. 런던 국제중재재판소와 파리 국제상업회의소 중재재판소는 오랜 역사와 풍부한 판례를 보유해 판결 결과를 예측하기 쉽다는 장점이 있다.

준거법 선택도 신중해야 한다. 사우디법을 피하고 영국법이나 스위스법을 선택하는 것이 일반적이다. 이 법체계들이 상업 분쟁에 대한 명확한 원칙과 풍부한 판례를 가지고 있기 때문이다. 번역 과정에서 발생할 수 있는 해석 차이를 방지하기 위해 중재 언어는 영어로 하되 모든 문서의 영문본이 우선한다는 조항을 포함시켜야 한다.

중재 판정의 집행 가능성도 고려해야 한다. 사우디는 뉴욕협약 가입국이지만 실제 집행 과정에서 여전히 어려움이 있으므로 사우디 파트너의 해외 자산 소재를 파악하고 필요하다면 해외에서 집행할 수 있는 방법을 확보해두는 것이 현명하다.

규제 환경의 동적 관리

사우디의 규제 환경은 예고 없이 급변한다. 어제까지 허용되던 것이 오늘 갑자기 금지되는 경우도 비일비재하다. 2025년 2월부터 시행되는 신규 투자법이 대표적인 사례다. 이 법은 기존 외국인 투자법을 대체하며 내국인과 외국인 투자자를 동등하게 대우한다고 명시하고 있다. 외국인 투자 허가제도가 사우디 투자부 등록 시스템으로 변경되어 더 유연한 투자 환경이 조성될 전망이다.

조인트벤처를 운영하는 기업들은 특히 경쟁법 규정에 주의해야 한다. 모든 참여 기업의 연간 매출 합계가 2억 리얄을 초과하면 경쟁총국에 신고해야 하며 이를 위반할 경우, 심각한 제재를 받을 수 있다. 이러한 규정은 사전에 충분히 검토해 준수해야 하며 규제 변경에 대비해 불가항력 조항에 '정부 규제의 중대한 변경'을 포함시키는 것도 중요하다. 이는 극단적인 상황에서 계약 조정이나 해지를 가능케 하는 안전장치 역할을 한다.

각 부처의 웹사이트와 공식 소셜미디어를 매일 확인하고 현지 법무법인이나 컨설팅사를 통해 내부 정보를 입수하는 체계를 마련해야 한다. 이러한 모니터링을 통해 규제 변경의 조짐을 조기 포착해 사전 대처 방안을 마련할 수 있다. 예를 들어, 외국인 고용 비율 제한이 강화될 조짐이 보이면 인력 재배치 계획을 미리 수립하고 현지 조달 의무 비율이 상향될 가능성이 있으면 공급망 재편 방안을 준비하는 식이다. 이러한 선제적 대처가 급변하는 사우디 시장에서 생존하는 핵심 방법이다.

> **핵심 코칭 포인트**

다음은 사우디 조인트벤처 성공의 다섯 가지 핵심 사항이다. 무엇보다 계약서의 완벽함보다 파트너와의 신뢰 구축과 현지 문화에 대한 깊은 이해가 선행되어야 한다는 점을 명심하라.

1. 파트너의 정부 네트워크와 니타카트 등급을 철저히 검증하라.
2. 지식재산권은 라이선스 형태로만 제공하고 소유권은 절대로 이전하지 말라.
3. 동반 매도권과 동반 매도 요구권을 포함한 구체적인 탈퇴 시나리오를 설계하라.
4. 국제중재 조항을 반드시 포함시켜 사우디 법원 관할에서 벗어나라.
5. 사우디 투자부에 등록된 현지 법인을 통해 조인트벤처를 구성해 법적·세무적 리스크를 최소화하라.

부록

현지 법인 설립 실무 가이드

1. 법인 설립 전 준비사항

1.1 MISA 투자 등록(MISA Investment Registration)

주요 변경사항(2025년 2월 7일부터)

- 기존 'MISA License'에서 'MISA Registration'으로 전환
- 외국인 투자법 개정으로 라이선스 제도가 등록 제도로 변경

서류 필수 체크리스트

영문	우리말	비고
Commercial Registration	상업등기증명서	본국 발행, 아포스티유 필수
Articles of Association	정관	공증 및 번역 필수
Audited Financial Statements	감사 재무제표	최근 2개년
Letter of Intent	투자의향서	MISA 양식 사용
Power of Attorney	위임장	대표자 서명 공증

1.2 법인 형태 선택

유한책임회사(Limited Liability Company, LLC / شركة ذات مسؤولية محدودة)

최소 자본금(Minimum Capital): SAR 100,000
- **일반 업종**: SAR 100,000
- **복수 주주**: SAR 500,000
- **특수 업종**: MISA 지정 금액

* 주요 특징
- 2025년 4월 기준 대부분 업종에서 100% 외국인 소유 가능
- 최대 주주 수: 50명
- 이사회 구성: 선택사항(필수 아님)
- 정관 변경: 지분 ¾ 이상 동의

2. 설립 절차 단계별 가이드

1단계: 상호 예약(Trade Name Reservation / حجز الاسم التجاري)

주의사항	1. 종교적·정치적 단어 사용 금지 2. 'Saudi', 'Royal', 'Kingdom' 등 제한적 사용 3. 아랍어 음역 정확성 확인 필수
절차	1. 상업부(Ministry of Commerce) 온라인 포털 접속 2. 희망 상호 3개 제출(아랍어 및 영어) 3. 승인까지 2~3 영업일 소요

2단계: 자본금 납입(Capital Deposit / إيداع رأس المال)

절차	1. SAMA 승인 은행에 자본금 계좌 개설 2. 자본금 25% 이상 납입(나머지는 설립 후 납입 가능) 3. 은행 확인서(Bank Certificate) 발급
주요 은행	– Saudi National Bank(SNB / البنك الأهلي السعودي) – Al Rajhi Bank(مصرف الراجحي) – Riyad Bank(بنك الرياض)

3단계: 정관 작성 및 공증(Articles of Association / عقد التأسيس)

조항	영문	아랍어	내용
회사명	Company Name	اسم الشركة	상호 및 약칭
목적	Objectives	أغراض الشركة	사업 목적(포괄적 작성)
본점	Head Office	المركز الرئيسي	법적 주소지
자본금	Share Capital	رأس المال	금액 및 지분 구조
경영진	Management	الإدارة	이사·매니저 권한
회계연도	Financial Year	السنة المالية	통상 1월 1일~12월 31일

3. 설립 후 절차

3.1 필수 등록 사항

상업등기(Commercial Registration / السجل التجاري)

발급기관: Ministry of Commerce
유효기간: 1~5년(갱신 가능)
비용: SAR 1,825(초기), SAR 1,200(갱신)

세무등록(Tax Registration / التسجيل الضريبي)

등록기관: ZATCA(Zakat, Tax and Customs Authority)
VAT 등록: 연매출 SAR 375,000 이상 의무
법인세율: 외국인 지분 20%, 사우디·GCC 지분 2.5%(Zakat)

사회보험 등록(GOSI Registration / التأمينات الاجتماعية)

- 직원 채용 전 필수 등록
- 사우디 직원: 급여의 22%(사용자 12%, 근로자 10%)
- 외국인 직원: 산업재해보험 2%만 적용

3.2 사우디화 요구사항(Saudization / السعودة)

2025년 업종별 최소 비율

업종	최소 비율	시행일
엔지니어링	30%	2025년 7월 27일
회계	40% → 70%	2025년 10월 27일 → 2028년
IT 서비스	40%	시행 중
건설	30%	시행 중

* **Nitaqat 등급 시스템**

- Platinum(البلاتيني): 최우수
- Green(أخضر): 우수(High/Mid/Low)
- Red(أحمر): 미달(정부 사업 입찰 제한)

조인트벤처 계약서 표준 조항

1. 전문 및 정의(Preamble and Definitions)
* 표준 전문 예시

JOINT VENTURE AGREEMENT

اتفاقية المشروع المشترك

This Joint Venture Agreement("Agreement") is made and entered into as of [DATE] by and between:
(1) [KOREAN COMPANY NAME], a company incorporated under the laws of the Republic of Korea("Korean Partner" / "الشريك الكوري")
(2) [SAUDI COMPANY NAME], a company incorporated under the laws of the Kingdom of Saudi Arabia("Saudi Partner" / "الشريك السعودي")
(Collectively referred to as the "Parties" / "الأطراف")

---

2. 핵심 조항 영한 대조

제1조: 조인트벤처의 목적(Purpose of Joint Venture / غرض المشروع المشترك)

ARTICLE 1 - PURPOSE
1.1 The Joint Venture (the "JV") is established for the purpose of:
المشروع المشترك ("JV") تأسس لغرض:
(a) Undertaking [SPECIFIC BUSINESS SECTOR] projects in the Kingdom;
تنفيذ مشاريع [قطاع الأعمال المحدد] في المملكة؛

(b) Contributing to Saudi Vision 2030 localization objectives;
المساهمة في أهداف التوطين لرؤية السعودية 2030؛

(c) Achieving Local Content targets of [X]% or above;
تحقيق أهداف المحتوى المحلي بنسبة [X]% أو أكثر؛

(d) Technology transfer and workforce development;
نقل التقنية وتطوير القوى العاملة.

제2조: 자본 및 지분 구조(Capital and Shareholding Structure / رأس المال وهيكل الملكية)

ARTICLE 2 - CAPITAL STRUCTURE

2.1 Authorized Capital(رأس المال المصرح به)
   The authorized capital shall be SAR [AMOUNT] divided into [NUMBER] shares of SAR [VALUE] each.

2.2 Shareholding Ratio(نسبة الملكية)
   - Saudi Partner: 51%([NUMBER] shares)
   - Korean Partner: 49%([NUMBER] shares)

2.3 Reserved Matters(المسائل المحفوظة)
   Notwithstanding the shareholding ratio, the following matters require unanimous consent:
   بغض النظر عن نسبة الملكية، تتطلب المسائل التالية موافقة بالإجماع:

   (a) Annual budget approval(اعتماد الميزانية السنوية)
   (b) Contracts exceeding SAR 10 million(العقود التي تتجاوز 10 مليون ريال)
   (c) Appointment of key executives(تعيين المدراء التنفيذيين الرئيسيين)
   (d) Dividend policy(سياسة توزيع الأرباح)
   (e) Additional capital or borrowing(رأس مال إضافي أو اقتراض)

제3조: 이사회 구성(Board Composition / تشكيل مجلس الإدارة)

ARTICLE 3 - BOARD OF DIRECTORS
3.1 Composition(التشكيل)
  The Board shall consist of six (6) directors:
  - Three (3) nominated by Saudi Partner
  - Three (3) nominated by Korean Partner
3.2 Chairman and Vice Chairman(الرئيس ونائب الرئيس)
  - Chairman: Nominated by Saudi Partner
  - Vice Chairman: Nominated by Korean Partner
3.3 Quorum(النصاب القانوني)
  Minimum two (2) directors from each Party must be present.
3.4 Deadlock Resolution(حل الخلاف)
  In case of deadlock for two consecutive meetings, matter shall be referred to mediation as per Article 17.

제4조: 자금 관리(Financial Management / الإدارة المالية)

ARTICLE 4 - BANK ACCOUNTS AND FUND MANAGEMENT
4.1 Bank Accounts(حسابات البنكية)
  JV shall open the following accounts with SAMA-approved banks:
  (a) Operating Account - SAR & USD(حساب التشغيل)
  (b) Project Escrow Account(حساب الضمان للمشروع)
  (c) Security Deposit Account(حساب الضمان)
4.2 Signatory Authority(صلاحية التوقيع)
  All accounts require joint signatures(توقيع مشترك) of one representative from each Party.
4.3 Approval Thresholds(حدود الموافقة)
  - Up to SAR 500,000: CEO approval
  - Above SAR 500,000: Board approval required

3. 프로젝트 수행 조항

제5조: 역할 및 책임(Roles and Responsibilities / الأدوار والمسؤوليات)

ARTICLE 5 - PROJECT EXECUTION
5.1 Division of Responsibilities(تقسيم المسؤوليات)

Korean Partner(الشريك الكوري):
- Design and engineering(التصميم والهندسة)
- Technical supervision(الإشراف الفني)
- Technology transfer(نقل التقنية)

Saudi Partner(الشريك السعودي):
- Permits and licenses(التصاريح والرخص)
- Local procurement(المشتريات المحلية)
- Government relations(العلاقات الحكومية)

Joint Responsibilities(مسؤوليات مشتركة):
- Project management(إدارة المشروع)
- Quality control(مراقبة الجودة)
- HSE management(إدارة الصحة والسلامة والبيئة)

5.2 Delay Liability(مسؤولية التأخير)
- Liquidated Damages(التعويضات المتفق عليها): As per fault ratio
- Force Majeure(القوة القاهرة): Joint burden
- Government policy changes(تغيير السياسة الحكومية): Excluded

4. 지식재산권 및 비밀유지

제6조: 지식재산권(Intellectual Property Rights / حقوق الملكية الفكرية)

ARTICLE 6 - INTELLECTUAL PROPERTY
6.1 Background IP(الملكية الفكرية السابقة)
   Each Party retains ownership of pre-existing IP.

6.2 Foreground IP(الملكية الفكرية المطورة)
   IP developed during JV shall be jointly owned.

6.3 Licensing(الترخيص)
   Background IP licensed to JV on royalty-free basis for project use.

제7조: 비밀유지(Confidentiality / السرية)

ARTICLE 7 - CONFIDENTIALITY
7.1 Confidential Information includes(المعلومات السرية تشمل):
   - Technical drawings and specifications(الرسومات والمواصفات الفنية)
   - Cost structures and pricing(هياكل التكلفة والتسعير)
   - Customer lists(قوائم العملاء)
   - Government contacts(جهات الاتصال الحكومية)
7.2 Duration(المدة)
   Obligations survive termination for five (5) years.
7.3 Penalty(الغرامة)
   SAR [AMOUNT] per breach, without prejudice to damages claims.

5. 종료 및 분쟁 해결

제8조: 종료(Termination / الإنهاء)

ARTICLE 8 - TERM AND TERMINATION

8.1 Term(المدة)

Ten (10) years from Effective Date, renewable by mutual consent.

8.2 Early Termination Events(أحداث الإنهاء المبكر)

  (a) Material breach uncured within 90 days(الإخلال الجوهري)

  (b) Insolvency or bankruptcy(الإعسار أو الإفلاس)

  (c) License cancellation(إلغاء الترخيص)

  (d) Two consecutive years of losses(خسائر لسنتين متتاليتين)

  (e) Saudization Red Zone for two quarters(المنطقة الحمراء للسعودة)

8.3 Consequences(النتائج)

  - Complete ongoing projects(إكمال المشاريع الجارية)

  - Asset valuation and distribution(تقييم وتوزيع الأصول)

  - Employee settlement and ESB(تسوية الموظفين ومكافأة نهاية الخدمة)

제9조: 분쟁 해결(Dispute Resolution / تسوية النزاعات)

ARTICLE 9 - DISPUTE RESOLUTION

9.1 Amicable Settlement(التسوية الودية)

  30 days senior management negotiation

9.2 Mediation(الوساطة)

  DIAC Rules(Dubai International Arbitration Center)

9.3 Arbitration(التحكيم)

  - Institution: SIAC(Singapore)

  - Arbitrators: Three (3)

  - Language: English

  - Governing Law: English Law

  - Seat: Singapore

실무 체크리스트 및 주의사항

1. 계약 체결 전 확인사항

법무 실사(Legal Due Diligence)

- 사우디 파트너의 상업등기 확인
- Zakat/Tax 납부 증명서 확인
- Saudization 등급 확인(최소 Green 이상)
- 기존 소송 여부 확인
- MISA 라이선스·등록 상태 확인

재무 실사(Financial Due Diligence)

- 최근 3개년 감사보고서 검토
- 은행 거래 내역 확인
- 정부 프로젝트 수행 실적
- 보증·담보 현황 확인

2. 계약서 작성 시 주의사항

* 필수 검토 사항

1. 이슬람 금융 규정 준수
- 이자(Riba / ربا) 금지 조항 확인
- Profit sharing 구조 검토
- Sukuk 활용 가능성 검토

2. 현지 규정 반영
IKTVA 요구사항(아람코 프로젝트의 경우)
Local Content 비율 명시
여성 고용 관련 규정

3. 문화적 고려사항
라마단 기간 업무 조정
기도 시간 고려
주말(금~토) 인정

3. 정부기관 및 유용한 연락처

주요 정부기관

기관명	영문	아랍어	웹사이트
투자부	MISA	وزارة الاستثمار	misa.gov.sa
상업부	Ministry of Commerce	وزارة التجارة	mc.gov.sa
세무청	ZATCA	هيئة الزكاة والضريبة	zatca.gov.sa
사회보험	GOSI	التأمينات الاجتماعية	gosi.gov.sa

* 법무법인 선택 기준

Big 4 회계법인 제휴 여부
정부 프로젝트 자문 경험
분쟁 해결 실적
다국어 지원 능력

4. 비용 예산 수립

초기 설립 비용(2025년 기준)

항목	금액(USD)	비고
MISA 등록	2,500~5,000	업종별 상이
법무 비용	8,000~15,000	복잡도에 따라
공증·번역	1,500~3,000	서류 수량에 따라
정부 수수료	1,000~2,000	각종 등록비
사무실 보증금	5,000~10,000	6개월치
기타	2,000~3,000	회계등록 등
합계	20,000~40,000	

* **연간 운영 비용**

사우디 직원 급여: 월 SAR 5,000~8,000

GM 급여: 월 SAR 20,000~25,000

사무실 임대료: 연 SAR 40,000~150,000

회계·감사: 연 SAR 10,000~30,000

주요 용어 대조표

* 법률 용어

우리말	영문	아랍어
합작투자·조인트벤처	Joint Venture	مشروع مشترك
유한책임회사	Limited Liability Company	شركة ذات مسؤولية محدودة
주주	Shareholder	مساهم
이사회	Board of Directors	مجلس الإدارة
정관	Articles of Association	عقد التأسيس
상업등기	Commercial Registration	السجل التجاري
위임장	Power of Attorney	وكالة
양해각서	Memorandum of Understanding	مذكرة تفاهم

* 재무 용어

우리말	영문	아랍어
자본금	Share Capital	رأس المال
배당	Dividend	أرباح موزعة
감사	Audit	مراجعة حسابات
재무제표	Financial Statement	القوائم المالية
자카트(종교세)	Zakat	زكاة

| 부가가치세 | Value Added Tax(VAT) | ضريبة القيمة المضافة |

* 프로젝트 용어

우리말	영문	아랍어
현지 콘텐츠	Local Content	المحتوى المحلي
사우디화	Saudization	السعودة
기술이전	Technology Transfer	نقل التقنية
이행보증	Performance Bond	ضمان الأداء
불가항력	Force Majeure	القوة القاهرة
지체상금	Liquidated Damages	التعويضات المتفق عليها

※ 면책조항

이 가이드는 2025년 11월 현재 시점의 사우디아라비아 규정을 바탕으로 작성되었습니다. 다만 사우디의 규제 환경은 상당히 빠른 속도로 변화하고 있습니다. 따라서 실제 계약 체결 단계에서는 반드시 현지 법률 전문가와 상담하시기 바랍니다. 사우디 시장 진출은 철저한 사전 준비와 더불어 현지의 문화와 비즈니스 관행에 대한 깊이 있는 이해를 필요로 합니다. 이 가이드가 사우디 진출을 준비하는 한국 기업들에게 실질적인 도움이 되기를 바랍니다.

주석

1) Crude oil prices increased in first-half 2022 and declined in second-half 2022 - U.S. Energy Information Administration (EIA), https://www.eia.gov/todayinenergy/detail.php?id=55079

2) Short-Term Energy Outlook - U.S. Energy Information Administration (EIA), https://www.eia.gov/outlooks/steo/

3) Saudi Arabia's fiscal breakeven oil price is rising fast. What will the kingdom do about it?, https://www.cnbc.com/2024/09/05/saudi-arabias-fiscal-breakeven-oil-price-is-rising-fast.html

4) Saudi Arabia's fiscal breakeven oil price is rising fast. What will the kingdom do about it?, https://www.bloomberg.com/professional/insights/regional-analysis/saudi-arabia-mbs-are-far-from-ending-their-reliance-on-oil/

5) Saudi unemployment hits historic low of 7% in Q4 2024, 「Saudi Gazette」, Staff Writer, 2025.03.28., ⟨https://www.zawya.com/en/economy/gcc/saudi-unemployment-hits-historic-low-of-7-in-q4-2024-u3b35xv7?utm_source=chatgpt.com⟩.

6) Development of world's largest carbon-free green hydrogen plant in full swing, 「Offshore Energy」, Ajsa Habibic, 2023.05.22., ⟨https://www.offshore-energy.biz/development-of-worlds-largest-carbon-free-green-hydrogen-plant-in-full-swing/?utm_source=chatgpt.com⟩.

7) Contracting regulations for companies with no Regional Headquarters in KSA, 「Deloitte」, Perspective, 2024.07.03., ⟨https://www.deloitte.com/middle-east/en/services/tax/perspectives/contracting-regulations-for-companies-with-norhq-in-ksa.html?utm_source=chatgpt.com⟩.

8) The move to raise Saudization levels in these sectors has officially begun, 「Saudi Expatriates」, Aahil Shaik, 2025.07.27., ⟨https://www.saudi-expatriates.com/2025/07/move-to-raise-saudization-levels-in-these-sectors-has-officially-begun.html?utm_source=chatgpt.com#google_vignette⟩.

9) Vision 2030 Saudi Arabia: Summary, Plan and Impact, 「Cleartax」, 2024.12.09., ⟨https://www.cleartax.com/sa/vision-2030-saudi-arabia?utm_source=chatgpt.com⟩.

10) Saudi Arabia Foreign Direct Investment Report, 「Ministry of Investment」, 2024.01.

11) About NEOM social responsibility, 「NEOM report 2023」.

12) Over 100 Million Tourists Visit Saudi Arabia in 2023: UN Tourism and WTTC Laud Kingdom's Achievement, 「Saudi Press Agency」, 2024.02.27., ⟨https://www.spa.gov.sa/en/N2055105?utm_source=chatgpt.com⟩.

13) Lucid Air Production Officially Begins At New Plant In Saudi Arabia, 「Inside EVS」, Dan Mihalascu, 2023.09.28., ⟨https://insideevs.com/news/688932/lucid-starts-air-production-officially-begins-new-amp2-plant-saudi-arabia/?utm_source=chatgpt.com⟩.

14) Royal Decree on VAT Implementation, 「Saudi Press Agency」, June 2017: Statement on VAT Increase to 15%, 「Ministry of Finance (Saudi Arabia)」, July 2020, ⟨https://www.mof.gov.sa⟩.

15) Saudi Arabia's NEOM to appoint acting CEO to permanent role, sources say, 「Zawya」, Pesha Magid and Federico Maccioni, 2025.04.23., ⟨https://www.zawya.com/en/projects/construction/saudi-arabias-neom-to-appoint-acting-ceo-to-permanent-role-sources-say-o757kesa?utm_source=chatgpt.com⟩.

16) Saudi prince's anti-corruption sweep ends with $106B netted, 「KSL」, Abdullah Al-shihri and Aya Batrawy, 2019.01.30., ⟨https://www.ksl.com/article/46480151/saudi-princes-anti-corruption-sweep-ends-with-106b-netted?utm_source=chatgpt.com⟩.

17) The New Nazaha Law, 「Mondaq」, 2024.11.25 ⟨https://www.mondaq.com/saudiarabia/white-collar-crime-anti-corruption-fraud/1548990/the-new-nazaha-law?utm_source=chatgpt.com⟩.

18) Wall Street Journal, "Saudi Arabia's Crown Prince Is Reshaping the Kingdom With an Iron Grip", 2021.

19) Saudi Arabia's energy overview 2022, 「U.S. Energy Information Administration」, 2027.10.04., ⟨https://www.eia.gov/international/analysis/country/SAU⟩.

20) Saudi Arabia's Vision 2030: Power and Politics, Chatham House, 2020.

21) Saudi Crown Prince Says Aramco IPO to Go Ahead by 2021, Bloomberg News, 2018.10.05.

22) Saudi Arabia oil facilities ablaze after drone strikes, 「BBC News②」, 2019.09.14., ⟨https://www.bbc.com/news/world-middle-east-49699429⟩.

23) Yemen Humanitarian Needs Overview 2022, 「United Nations Office for the Coordination of Humanitarian Affairs (OCHA)」, 2022.

24) Report of the Special Rapporteur on extrajudicial, summary or arbitrary executions: Investigation into the unlawful death of Jamal Khashoggi, 「UN Human Rights Council」, 2019.

25) In Cyberattack on Saudi Firm, U.S. Sees Iran Firing Back, 「The New York Times」, 2012.10.23.

26) Alshammari, F., & Alqahtani, A. (2024). Advanced Cybersecurity Technologies in Saudi

Arabia: AI, Quantum Cryptography, and Blockchain Applications, 「Journal of Middle Eastern Cybersecurity」, 7(1), 12-29.

27) Cybersecurity and the Arab Gulf States, 「Carnegie Endowment for International Peace」, 2020.

28) Saudi Arabia's Emerging Drone Strategy, 「CSIS (Center for Strategic and International Studies」, 2024.

29) Introduction to Sky Guard UAV Capabilities, 「Prince Sultan Defense Studies Center official release」, 2023.

30) Introduction to Sky Guard UAV Capabilities, 「Prince Sultan Defense Studies Center official release」, 2023.

31) Alqahtani, M., & Alghamdi, S. (2023), Adoption of Zero Trust Security Architecture in Saudi Arabia's Cyber Defense Strategy, 「Middle East Journal of Cybersecurity」, 5(2), 45-60.

32) Donner, F. M. (2010), Muhammad and the Believers: At the Origins of Islam, 「Harvard University Press」.

33) Esposito, J. L. (2003), The Oxford Dictionary of Islam, 「Oxford University Press」.

34) Lapidus, I. M. (2002), A History of Islamic Societies (2nd ed.), 「Cambridge University Press」.

35) Al-Rasheed, M. (2010), A History of Saudi Arabia (2nd ed.), 「Cambridge University Press」.

36) Vassiliev, A. (2013), The History of Saudi Arabia (2nd ed.), 「Saqi Books」.

37) More than 1.67 million pilgrims perform Hajj in 2025, 90% from abroad, 「Saudi Press Agency (SPA)」, 2025.06.20.

38) Economic Impact of Religious Tourism in Makkah and Madinah, 「General Authority for Statistics」, 2024.

39) Annual Report on Pilgrimage and Religious Tourism, 「Ministry of Hajj and Umrah」, 2024.

40) Matthiesen, T. (2013), Sectarian Gulf: Bahrain, Saudi Arabia, and the Arab Spring That Wasn't, 「Stanford University Press」.

41) Hallaq, W. B. (2009), Shari'a: Theory, Practice, Transformations, 「Cambridge University Press」.

42) Khan, F. (2010), How 'Islamic' is Islamic Banking?, 『Journal of Economic Behavior & Organization』, 76(3), 805-820.

43) Abdel Haleem, M. A. S. (2005), The Qur'an: A New Translation, 『Oxford University Press』.

44) Freedom in the World 2024: Saudi Arabia, 『Freedom House』, 2024.

45) Labor Market Indicators Report, 『General Authority for Statistics, Saudi Arabia』, 2023. 〈https://www.stats.gov.sa〉.

46) New Investment Law and Regulatory Framework, 『Saudi Ministry of Investment』, 2025.

47) Indian IT Professional Held in Saudi Arabia Due to Hindu Religious Artifact, 『Times of India』, 2025, February.

48) World Report 2024: Saudi Arabia, 『Human Rights Watch』, 2024.

49) ESG Performance Report: Middle East Region, 『Global ESG Benchmark for Real Assets』, 2024.

50) Global Institutional Investor Survey on ESG Integration, 『MSCI ESG Research』, 2023.

51) Gause, F. G. (2015), The International Relations of the Persian Gulf, 『Cambridge University Press』.

52) Sukuk and Waqf as Sustainable Finance Instruments, 『Global Islamic Finance Report』, 2023.

53) Watson, R. (2011), Tribes and Power: Nationalism and Ethnicity in the Middle East, 『University of California Press』.

54) Weir, S. (2010), Tribalism and Networks: Wasta in Saudi Arabia, 『Journal of Arabian Studies』, 2(1), 75-90.

55) 참고문헌: Informal interorganizational business relationships, satisfaction, and firm performance: Case of Arab Maghreb countries, 『Journal of Business Research』, Said Toumi, Zhan Su, 2023, https://journals.sagepub.com/doi/10.1177/14705958231191053.

56) Chatty, D. (2010), Nomadic Societies in the Middle East and North Africa: Entering the 21st Century, 『Brill』.

57) Labor Market Nationalization Report, 『Saudi Ministry of Human Resources and Social Development』, 2023.

58) Labor Law Amendments Report, 「Saudi Ministry of Human Resources and Social Development」, 2024.

59) Saudi Arabia's Female Labor Participation Surpasses Vision 2030 Target, 「Reuters」, 2024.

60) Annual Report on Entertainment Sector Growth, 「Saudi General Entertainment Authority」, 2024.

61) Saudi PIF Assets Reach $925 Billion, Second Largest Sovereign Wealth Fund, 「Bloomberg」, 2024.

62) Saudi Arabia Demographic Survey 2024, 「General Authority for Statistics」, 2024.

63) Nitaqat Program Overview, 「Ministry of Human Resources and Social Development」, August 6, 2025.

64) Major Localization Decisions for 269 Professions, 「Ministry of Human Resources and Social Development」, 2025.

65) Women's Labor Market Participation: A Cornerstone of Saudi Arabia's Economic Growth, 「Saudi Press Agency」, 2025. ; From 17% to 36%: Female employment in Saudi surges past Vision 2030 target, 「Times of India」, 2024.

66) Education in Saudi Arabia, 「Wikipedia」, 2025.08.06.. ⟨https://en.wikipedia.org/wiki/Education_in_Saudi_Arabia⟩.

67) Education in Saudi Arabia: STEM graduates by gender, 「WENR」, 2020., ⟨https://wenr.wes.org/2020/04/education-in-saudi-arabia⟩.

68) King Abdullah Scholarship Program (KASP) - Saudi Arabia, 「024Jobs.com」, 2024., ⟨https://024jobs.com/king-abdullah-scholarship-program-kasp-saudi-arabia⟩.

69) Human Capability Development Program, 「Saudi Vision 2030 report」, 2023., ⟨https://vision2030.gov.sa/en/programs/HCDP⟩.

70) Health Sector Transformation Program under Vision 2030, 「Ministry of Health, Kingdom of Saudi Arabia」, ⟨https://www.moh.gov.sa/en/Ministry/v2030/Pages/default.aspx⟩.

71) Digital Health Transformation: Annual Report 2024, 「Ministry of Health, Saudi Arabia」, 2024., ⟨https://www.moh.gov.sa/en/eServices/Sehhaty/Pages/default.aspx⟩.

72) Housing Program Achievements Report 2024, 「Ministry of Municipal and Rural Affairs and Housing (MOMRAH)」, ⟨https://www.housing.gov.sa/en⟩.

73) SANED Unemployment Insurance Program Overview. 「GOSI (General Organization for Social Insurance)」. ⟨https://www.gosi.gov.sa⟩.

74) Wage Protection System Guidelines. 「Saudi Ministry of Human Resources and Social Development (MHRSD)」. ⟨https://www.hrsd.gov.sa/en/wps⟩.

75) Saudi Arabia: Government spending, percent of GDP. 「The Global Economy」. 2023.

76) Saudi Arabia sets out strategy to reform subsidies and reduce domestic energy usage. 「Oxford Business Group」. 2016.

77) Anderson, O., Chang, A., & Dewar, J. (2020). Saudi Vision 2030: Privatization Processes and Successes. Milbank LLP.

78) The Composition of the Saudi Middle Class. 「Gulf Research Center」. 2018.

79) Labour market trends in Saudi Arabia: The role of expatriates. 「ILO Regional Office for the Arab States」. 2023.

80) Monthly Inflation Report. 「Saudi Arabian Monetary Authority (SAMA)」. 2024.

81) Global Economic Prospects: Supply Chain Disruptions and Inflation Impact on Middle East. 「World Bank」. 2023., ⟨https://www.worldbank.org/en/publication/global-economic-prospects⟩.

82) Saudi Arabia's Debt Strategy Amid Vision 2030 Economic Reforms. 「Oxford Business Group」. 2023.

중동 전략
신중동시대 기업 진출 전략

초판 1쇄　　2025년 11월 25일

지은이　　박성진
펴낸이　　홍순제
펴낸곳　　주식회사 성신미디어

기획·편집 및 사업 총괄　　홍현표
교정 및 교열　　박진영
디자인　　윤정아
이미지 제공　　vision2030.gov.sa

주소　　경기도 파주시 조리읍 전지미말길 101-10
전화　　02-2671-6796　　**팩스**　　031-943-6795
등록　　2016-00025호　　ISBN 979-11-90917-18-6 (03320)

출판사 홈페이지 www.libretto.co.kr
출판사 인스타그램 @libretto_books
출판 사업부 대표 메일 book@sungshinmedia.com
유튜브 채널 배워보소서 @learningshares

* 리브레토(Libretto)는 (주)성신미디어의 출판 브랜드입니다.
* 잘못 만들어진 책은 구입하신 곳에서 교환해 드립니다.
* 이 책에 대한 의견이나 오탈자 및 잘못된 내용의 수정 요청은 이메일로 알려주십시오.

ⓒ박성진, 2025
Published and Printed by SUNGSHINMEDIA Inc., Republic of Korea
저작권법에 의해 보호를 받는 저작물이므로 무단 전재와 복사를 금합니다.

리브레토(Libretto)는
책의 수면에서 정형을 관통하는 콘텐츠
이야기의 지식을 책으로 담아내는
(주)성신미디어의 출판 브랜드입니다.

여러분의 다양한 이야기를 들려주세요.

원고 투고 및 출판문의 제휴, 비즈니스, 홍보 문의
book@sungshinmedia.com